絶対、運が良くなるパワースポット

第1章 パワースポットってどんな場所？

第2章 東北地方

第5章 近畿地方

第6章 中国・四国地方

第7章

第8章

東アジア・南アジア

中東

ヨーロッパ

アフリカ

本書は、2011年に刊行した『李家幽竹と行く　幸せパワースポット』を増補改訂、改題したものです。

＊本書では、ご紹介する日本のパワースポットの気の強さを☆印で示しています。
★★★★★は☆☆☆☆☆のなかでも特別強いパワースポットです。
また、それぞれのパワースポットを訪れることで得られる運を、以下のようなマークを付けて表しています。
ただし、これらはあくまでも目安で、☆の数が少ないからパワーが得られないとか、マークで示された運のみ得られるということではありません。
ご自身が感じるパワーを優先してください。

♥ **恋愛運**：恋が成就する、恋愛が順調に続く。

結婚運：結婚できる、良縁がある。

子宝運：子宝にめぐまれる。

♡ **愛情運**：愛情にめぐまれる。

✦ **ビューティ運**：きれいになる。

金運：お金が増える、貯まる。

出会い運：出会いがある。

健康・長命運：健康になる、長生きできる。

出世運：出世する、ステイタスが上がる。

変化運：人生を変える、自分を変える。

! **チャンス**：チャンスをもらえる。

発展運：事業などが発展する。

仕事運：仕事がうまくいく。

喜びごと：喜ばしいことがある、人生を楽しむ。

浄化：悪運を浄化してリセットしてくれる。

♛ **成功運**：成功する。

願いが叶う：夢や願望が叶う。

★ **全体運**：あらゆることに効果がある。なかでも特筆すべきことがある場合は「運気底上げ」「前へ進む力」「道が開ける」「光のパワーを得る」などと記しています。

その他：上記のどれにもあてはまらない場合、「人間関係運」「商売運」「玉の輿運」「才能の開花」など、具体的に記しています。

第1章
パワースポットって
どんな場所？

パワースポットとは？

パワースポットとは、よい気が噴き上がっている場所のことです

人間の体に血が流れているように、大地には気が流れています。その気が局地的に強く噴き出している場所が、パワースポットと呼ばれる土地。パワースポットは、大自然が生み出した産物であり、人は大昔からそのスポットを清浄な地として、大切に守ってきました。

風水では、この大地を流れる気のことを「龍」にたとえ、その通り道を「龍脈《りゅうみゃく》」と呼んでいます。もちろん、実際に龍が住んでいると考えているわけではなく、山脈を龍にたとえて名付けたもの。パワースポットのことは、龍が休む場所という意味で「龍穴《りゅうけつ》」と呼んでいます。

風水で言うところのパワースポットは、けっしてスピリチュアルなフィーリングや伝説で生まれる場所ではありません。生気を生み出す山があり、流れてきた生気をためる山脈と水場がある。必ずこうした地理上の約束ごとや根拠があり、風水理論と風水知識によって選定します。

ただし、気は生き物ですから、パワースポットの気は時を経るごとに変化します。

「地形は変わらないのにどうして変化するの？」と不思議に思う人もいるでしょうが、気の性質や強弱は、地中の活動や周辺の環境、風や海の潮流の変化の影響を受けます。そのサイクルはだいたい20年周期くらい。なかにはパワーが消えてしまったり、噴き出す場所が動くこともあります。

パワースポットに行くと、どんないいことがあるの？

気は目に見えませんが、存在しています。

あなたの周りになぜかいつも運が良い人はいませんか？

運が良い人というのは、体の中に良い気が満ちている人のことです。良い気が満ちている人は幸運を自然に引き寄せます。逆に、運が悪い人は体に悪い気が満ちている人です。つまり、気を変えることは幸運を呼び寄せるために、とても重要なことなのです。

パワースポットは、良い気があふれて噴き上がっている場所です。そこに行くだけで、通常の何十倍もの生気が得られます。パワースポットを訪れることは、環境を変える、人生を変えるとても効率のよい方法と言えるでしょう。

また、パワースポットは体内の良い気を増やし、人生を変えるくらいの強力なパワーを持ち帰ることのできる場所です。人生に迷ったときや、人生の方向転換をするときこそ、パワースポットが味方になってくれます。

パワースポットに神社が多い理由

古くから聖地や霊山として地元の人たちからあがめられてきた土地は、風水的に見ても大地の生気が集結したパワースポットであることが多いようです。

飛鳥時代に大陸から風水が日本に伝来して以来、こうした古来あがめられてきた土地に、神社やお寺が数多く建立されました。前にお話ししたように、気はほぼ20年周期で変化し、時には噴き出す場所が変わってしまうこともあります。ところが、神社やお寺がパワースポットになっていると、気の強弱や性質に変化はあっても、スポット自体が動いてしまうことはあまりありません。

それは、古くからパワースポットであり続けているような神社や仏閣は、龍穴の気を逃さないように、風水的な建築方法を取り入れているためです。

もちろん、神社仏閣以外にもパワースポットは数多くあります。たとえば北海道には、パワースポットと思われるポテンシャルの高い山や土地がたくさんあります。しかし、気を逃さないつくりで囲われていないため、気がほかの場所に動いてしまっていて、場所をきちんと特定できず、ご紹介することができません。

本書では、場所が特定しやすくて一般の人が訪れやすいという理由から、神社仏閣のパワースポットを中心にご紹介しています。

パワースポットを訪れるときの注意

「たたりおさめの神社」には足を運ばない

日本の神社には、「聖地を守るために建てられた神社」と、何か悪いことがあってそれを封じるために建てられた「たたりおさめの神社」の2種類があります。

たたりおさめの神社のある土地は今なお負のパワーを発しているか、おさめられて何のパワーもなくなっているかのどちらかです。いずれにしろ、良い気が噴き出しているパワースポットではありません。

なかには日光東照宮のように、死者がまつられたお墓がパワースポットになっているところもあります。もちろん、ご紹介しているスポットは強いパワーをもった清浄な場所ですが、こうしたお墓のパワースポットを訪れるときは、注意が必要です。墓

所のエリアには午前中に訪れ、遅くても午後2時にはその場所を出ること。なるべく晴れた日が望ましいのですが、雨が降っている場合はお昼の12時前には立ち去るようにしましょう。

負のパワースポットを訪れると、負のスイッチが入ってしまうことがあります。その後は負の運気を引き寄せるため、良い気が噴き出しているパワースポットを訪れても、土地から拒まれてしまい、気を受けることができにくくなります。

人に陰気を与えるスポットもある

風水では陰陽説を重視しています。陰陽説とは、物事はすべて「陰」と「陽」という反対の性質をあわせもっているという考え方です。たとえば昼と夜、夏と冬、男性と女性などは陰陽の関係で、陰と陽はお互いが支え合うことで存在しています。どちらにとっても必要不可欠な存在であり、陽より陰が悪いというわけではありません。

パワースポットは、強い光があふれる「陽」の場所です。そのため、傍らのどこかに陰の気をもつエリアが必ずあります。パワーが噴き出しているスポットの間近に陰の気が点在していることもあれば、少し離れた一角が陰のエリアになっているケースもあります。また、昼間はすばらしい生気を与えてくれるパワースポットでも、夜になると強い陰の気がただよう場所に転ずるケースもあります。こうしたスポットは夜祭りや初詣でなどのイベントのとき以外は、夜の参拝を控える必要があります。

また、パワースポットと言われている場所でも、「陽」のスポットではなく「陰」のスポットである場合もあります。そういう場所では良くない気を受けることがあります。

本書では人に陽気を与える、輝きを与えるパワースポットだけをセレクトしています。また、訪れる時間帯のアドバイスを載せているスポットもありますので、参考にしてください。

パワースポットのパワーを最大限に得る方法

（1）訪れたことに感謝する

パワースポットに行けるというのは、その土地とあなたは縁があるということ。訪れたことに感謝して「ありがとうございます」と心の中でお礼を言いましょう。土地もあなたを好きになって、より多くのパワーを与えてくれます。

（2）失礼な行為をしない

訪れていきなり「パワーをください！」といった貪欲な気持ちを向けないこと。また、入るのを制限されている区域に足を踏み入れたり、その土地のものを壊したり、無断でもってくるのは厳禁です。

土地の気も人間と同じように、失礼なことをされたら、その人が嫌いになってしまいます。良い気を分けてくれないばかりか、以降はどのパワースポットに出かけてもシャットアウト。気持ちや行動にマナーをもって出かけましょう。

(3)ファッションに気をつける

パワースポットへは、女性は胸元の鎖骨部分を、男性は首の後ろの部分を見せる服装で出かけましょう。運気は、女性は鎖骨の部分から、男性は首の後ろの部分から入ってきます。冬、マフラーなどを巻いて出かけるときは、参拝するときだけははずしましょう。長髪の男性は首の後ろが見えるように髪を縛るとよいでしょう。

(4)午前中に到着する

パワースポットの生気は毎日早朝に生まれ、午前中いっぱいはどんどん生まれ続けます。午後は午前中に生まれた生気が循環する時間帯です。生まれたての鮮度のよい生気は、パワーが強く吸収率も高くなっています。午前中は気の体感率もひじょうに高いので、出かけるなら午前中がおすすめです。

(5)気に入った場所を探す

パワースポットをゆっくりと歩いて好きな場所を見つけることは、とても良い開運行動です。初めて訪れたパワースポットではとくにゆっくりと、30分くらい滞在時間をとりましょう。

「ここは何だかいい気持ちがする」と感じる場所を見つけたら、周りの景色をながめたり、深呼吸をしてのんびりと過ごしましょう。写真を撮るのも開運行動です。「撮る」は「取る」につながり、気の吸収が高まります。被写体は社殿や鳥居はもちろん、境内の樹や草花、そこから見える空など、自然の風景もおすすめです。

(6)正しく参拝する

参拝するということは、その土地が大切にしているルールに従うことです。土地に挨拶をして、感謝と願いごとを伝えることで運気を得ることができるのです。

鳥居をくぐったらまずは、手水舎《ちょうずや》や湧き水で口と手をゆすいでください。水に触れると体の気がクリアになり、土地の生気を十分に吸収することができます。ゆすぐ順序は、左手、右手、口、左手の順番で。口は柄杓の水を手に受けてゆすぎましょう。手水舎がない神社の場合は、同様の手順をペットボトルの水で行っても構いません。

よく「お賽銭は多くあげたほうがラッキーですか?」と聞かれますが、そんなことはありません。なぜなら、土地の生気にとって、貨幣価値は意味のないものだからです。また、お札はお金と認識してもらえないため、お賽銭はコインにしてください。

お賽銭のコインは、白いコイン(一円玉、百円玉、五百円玉)、黒いコイン(十円玉)、穴の開いたコイン(五円玉、五十円玉)の3種類を組み合わせましょう。白いコインは陽、黒いコインは陰をあらわし、穴の開いたコインは「気をつなぐ」パワーがあります。一円玉、五円玉、十円玉の組み合わせでもいいですし、百円玉、十円玉、五十円玉の組み合わせでもOKです。

願いごとを告げるときは曖昧な内容ではなく具体的な内容で。言葉は「言霊」という生気をもっています。言霊を土地に残すことで、願いごとを叶える手助けをしてくれます。まずは心の中で、自分の住所、氏名、年齢を告げ、そのあとに願いごとを告げましょう。願いごとは一度に3つまで。3つ以上の願いごとがあるときは、いったん鳥居を出てから、もう一度お参りをし直してください。

(7)絵馬を書く

絵馬を書く行動には、自分の言霊を土地に残してくるという意味があります。願いが叶いやすくなるので、強い願いごとがあるときは、ぜひ絵馬を書きましょう。

絵馬にはきちんと自分の住所・氏名・年齢を書くことをおすすめしますが、プライバシーの関係で書きたくない人は番地を省いても構いません。書いた絵馬はほかの人に見られないように、裏返しにしてかけること。言霊を人に見せると、気の消耗につながります。できるだけ見せないようにし、他人の絵馬も見ないようにしましょう。

(8)お守りをいただく

お守りはその土地と自分に縁をつなぎ、運を守ってくれます。

縁結び、金運、学業運など、自分の願いごとに即したお守りをいただくのがベストです。でも、「金運がほしいんだけど、縁結びのお守りがすごくかわいくてほしいな」と思ったら、ほしいほうを選んでください。ご神木でつくっている、その土地の石が入っているなど、その土地とつながっているお守りは、強く縁が結べます。

いただいたお守りは、手帳やメイクポーチなど、いつももち歩く「動」の気をもつ小物につけましょう。とくにメイクポーチは、縁結びのお守りとは相性がいいようです。

交通安全のお守りを車のルームミラーにつけている人がいますが、「気」をいただくものは、安定したところに置くことが開運のポイント。ダッシュボードの中など動かないところに置いてください。

(9)何度も訪れる

回数を重ねて訪れることで、その土地がもっているほんとうの力を与えてくれることもあります。

自分を気に入ってくれれば嬉しくなるのは、人間も土地の気も同じです。素直な気持ちで向き合えば、土地と絆ができ、気がつながりやすくなります。

旅先での開運行動

(1)温泉に入る

土地の生気は温泉にとけ込んでいるので、パワースポットの近隣の温泉に入ることは何よりの開運行動。日ごろたまった疲れやストレスをほぐすつもりで、ゆったりのんびりとお湯につかりましょう。何度も温泉に入ったり、異なる泉質のお湯に交互に入ると、より気の吸収が高まります。

お風呂上がりには一杯のお水を飲み、枕をして30分ほどごろ寝を。運気が体にたまりやすくなります。

(2)土地の名物を食べる

土地をあらわす食べ物は「土」の気が強いため、その土地の名物を食べることは、旅行で運を得るためには欠かせない行動。昔から伝わる郷土料理や、地場野菜、獲れたての魚介類を使った新鮮な料理を食べると、土地のパワーをたっぷりもらえます。

(3)水を飲む

霊山の湧き水や海洋深層水など、その土地に湧くミネラルウォーターには土地のパワーがとけ込んでいます。その場で飲むのはもちろん、持ち帰って料理に使ったり、お風呂や洗顔などに使うと、土地のパワーを自宅でも吸収することができます。

(4)散策する

観光地を訪ねてゆっくりと散策することで、土地の気を吸収できます。ハイキングコースや海岸、川縁を歩くなど、自然と接するのはとてもいいこと。芝生や浜辺など裸足になれるところで、じかに足を土や水に触れさせると、さらに土地の気の吸収率が高まります。

(5)写真を撮る

美しい風景写真や友だちとの記念写真など、旅先で写真をたくさん撮ってください。撮った写真は携帯の待ち受け画面や、パソコンの壁紙に。土地のパワーをつねに身近に感じることができるでしょう。

(6)おみやげを買う

おみやげは土地の気を運んでくれるもの。家族や友だちにあげるためにだけではなく、自分用にもぜひ買って。

おみやげは使うことで土地の気が動き始めるので、帰ってから3日以内に使い始めるのがおすすめ。友だちや家族へのおみやげは、なるべく早く相手に渡しましょう。土地の気が新鮮なうちに伝わり、相手にも自分にもラッキーです。

(7)ほしかったものを買う

地元ゆかりのおみやげでなくても、日ごろから「買わなくちゃ」と思っていたものを、旅先で買って帰るのも開運行動です。とくに吉方位(次ページ参照)ではコスメの買い換え、財布の新調などのタイミングと合わせるといいでしょう。

(8)のんびりと過ごす

時間に追われ、予定をこなすだけのような旅では、せっかくの土地の生気が十分に吸収できません。たとえ日帰り旅行でも、温泉に入っておいしいものを食べてゆったり過ごすようにすれば、良い気をしっかり取り入れることができます。

旅行風水で吉方位へ出かけよう

旅行風水とは？

風水とは、衣、食、住、行動など、自分が生きている環境のすべてを使って、運を開くための学問です。

人は誰しももって生まれた運がありますが、環境が変われば運も変わります。運を変えるためには、環境を変えればよいのです。

なかでも、旅行は最も簡単で効果的な開運方法です。旅行に出かけることによって、その土地がもっているエネルギーを吸収し、運気を大きく好転させることができるのです。

ただし、いつ、どこに行ってもいいというわけではなく、「そのときに運の良い方位（＝吉方位）」へ出かけることが旅行風水の大前提です。

吉方位は毎年、人によって変わります。あるときは吉方位だった場所が、別のときには凶方位となることもありますからご注意を。

ごく普通の観光地への旅行でも、吉方位であれば十分な効果は期待できます。でもパワースポットは土地の気が噴き上がっている特別な場所。吉方位のパワースポットへ旅行することで、さらなる開運が期待できます。

旅行風水では「ない運は取りに行く」と考えます。自分にはどうも恋愛運がないみたいだなと感じている人は、恋愛運をもつ方位へ旅行することで、運をいただけるのです。

吉方位に行くとどうなる？

旅行風水で最も大切なのは「方位」です。吉方位とは、そのときの自分にとって運の良い方位のこと。凶方位はその逆です。

旅行風水では「4・7・10・13の法則」と言って、吉方位に出かけた効果が、4、7、

10、13か月目、もしくは4、7、10、13年目のいずれかに必ずあらわれるという法則があります。たとえば、「吉方位表」（233ページ）で自分の本命星の月の吉方位に合わせて旅行に出かけると、4、7、10、13か月目のいずれかに効果が実感できます。また、その年の吉方位に合わせて旅行に出かけたときは、4、7、10、13年目のいずれかに効果があらわれます。長い年月をかけたぶん、効果の出方は絶大です。月と年の吉方位が重なった◎の方位に出かけると、月の吉方位による効果を実感しながら、年の吉方位による効果を待つことができます。気をつけなくてはならないのは、吉方位の効果があらわれる前に、すべての人に「凶意」という現象が起こることです。

凶意とはいわば運気のデトックス。吉方位で運気を吸収すると、今まで体内にたまっていた毒や悪運を押し出そうとして、一時的に運気や体調に凶作用が生じます。心配になる方も多いでしょうが、体にたまった毒を出すのは、運にとってはいいこと。凶意がおさまると「これは吉方位の効果では？」と思えることが増えてきます。

凶意がつらく感じられるときは、朝日を浴びたり、水回りの掃除をすることで軽減できます。さらに、日帰りでもいいので新しい吉方位旅行に出かけると、比較的早く凶意を流すことができます。

凶方位に行かざるをえないときは？

凶方位に出かける機会は、できれば避けたいもの。とはいえ、仕事や冠婚葬祭など、自分の都合で行き先が決められないときもあるでしょう。凶方位に行かなくてはならないときは、次の防御法を実践して、旅行はしっかりと楽しみましょう。

（1）出かける前や、帰ってきたあとに、何度も自分の吉方位に出かけて温泉に入る

（2）女性は、気の入り口である鎖骨の部分を隠したファッションで出かける

（3）方位に合ったカラーを身につける

（4）温泉には入らない。やむをえず入ったときは、最後に水道のお湯で温泉成分を流す

（5）自分の吉方位で採れたミネラルウォーターを持参し、現地で飲む

方位によって得られる運も変わる

★北（一白水星）方位

「水」の気をもつ方位。愛情運、恋愛運、信頼運のほか、女性らしさや男性らしさの魅力が増す運気があります。カップルや親しい友人と出かけるのに最適な方位。スケジュールにゆとりをもち、のんびりと日ごろのストレスを取る旅行がおすすめ。水辺や海沿いのながめがいいリゾートホテルや、露天風呂や離れがある隠れ家風の一軒宿に泊まるといいでしょう。

★南西（二黒土星）の方位

「土」の気をもつ方位。結婚運、家庭運、子宝運、健康運のほか、不動産運や土台が安定するという運気があります。家族や同僚など、生活の基盤が同じ人と出かけるのに最適な方位。1か所でゆっくりと滞在する旅行に向いています。低層階のホテルや旅館、日本庭園のある旅館、キッチン付きのコンドミニアム、小さな家庭的な宿に泊まるといいでしょう。

★東（三碧木星）の方位

「木」の気をもつ方位。行動力が上がり、仕事運、発展運、成長運、学業運がアップするほか、若々しくなる運気もあります。行動力が運気吸収のカギ。行動のペースが同じ人と出かけるのに向いています。近代的なデザイナーズホテルやニューオープンの宿、プールなどスポーツ施設があるリゾートホテル、アミューズメントパークに併設されているホテルに泊まるといいでしょう。

★東南（四緑木星）の方位

「風」の気をもつ方位。恋愛運、結婚運、人間関係運、社交運など、縁に関する運気全般がアップします。ファッションや髪型に、風の流れを感じることを意識しながら女性同士で（男性は女性と一緒に）出かけるとよいでしょう。ショッピングを楽しみ、明るく清潔で風通しのいいホテル、女性向けのアメニティが充実した宿やホテルに泊まると運気アップです。

★北西（六白金星）の方位

「金」の気をもつ方位。出世運、事業運、ステイタス運、財運、独立運、スポンサー運のほか、生活のグレードを上げる運気や玉の輿運もアップします。美術館めぐりなど、高尚なところをゆっくり回る旅がおすすめ。皇族や文豪が泊まったなど由緒正しいホテルや老舗旅館、渓流沿いに建つ宿やホテルに泊まるといいでしょう。

★西（七赤金星）の方位

「金」の気をもつ方位。金運、恋愛運、商売運、社交運など、人生に豊かさと楽しみごとをもたらす運気がアップします。金銭面だけではなく、生活が楽しくなり、心の豊かさをもたらしてくれます。おいしいものをたくさん食べ、いつもよりゴージャスなホテルやヨーロッパ調インテリアのホテルに泊まるといいでしょう。

★北東（八白土星）の方位

「土」の気をもつ方位。継続運、貯蓄運、相続運のほか、良い変化をもたらすことから転職運もあり、良い運をため込む体質になれます。日常との変化を楽しみ、ゆったりと温泉重視の旅にすると運気アップ。高層ホテルや山の上に建つホテルなど、また景色が良い宿やリニューアルした老舗旅館に泊まるといいでしょう。

★南（九紫火星）の方位

「火」の気をもつ方位。悪い気を浄化する作用があるため、旅行風水の最初に使う方位としてもっともおすすめ。美と知の方位でもあり、人気運、ステイタス運、ビューティ運のほか、直感力がアップしたり、隠れた才能が花開きます。海が見えるリゾートホテルや、スパがあるホテル、メゾネット式のコテージに泊まるといいでしょう。

第2章
東北地方

パワー ☆☆☆☆☆　青森県弘前市

岩木山神社《いわきやまじんじゃ》

鳥居から見ると、正面に岩木山が見える。鳥居をくぐり、まっすぐ参道を進んで楼門の奥の拝殿へ。

岩木山神社は「水」の気がもたらすスポット。訪れる人を包み込むような女性的なやさしさに満ち、良縁と豊かさの運気が得られます。

☑得られる運

「水」の気がもたらす恋愛・結婚などの良縁が得られる。子宝にも◎。女性が美しくなる運気や金運など、豊かさの運気も。

☑こんな人におすすめ

未婚の女性、良縁を求める人、絆を強めたい人、子宝を授かりたい人、美しくなりたい人

☑開運スポットはここ!

楼門の奥の拝殿と、拝殿向かって右のしめ縄の張って

得られる運　結婚運　子宝運　出会い運　愛情運　ビューティ運　金運

岩木山神社境内図

❶拝殿を降りたとき、左手に見えるしめ縄の張ってある場所もラッキー。
❷手水舎の水にもパワーがある。

楼門の前には、珍しい狛犬が。金運や喜びごとがほしい人は、頭を上にした狛犬と一緒に写真を。恋愛運がほしい人は、頭を下にした狛犬と。

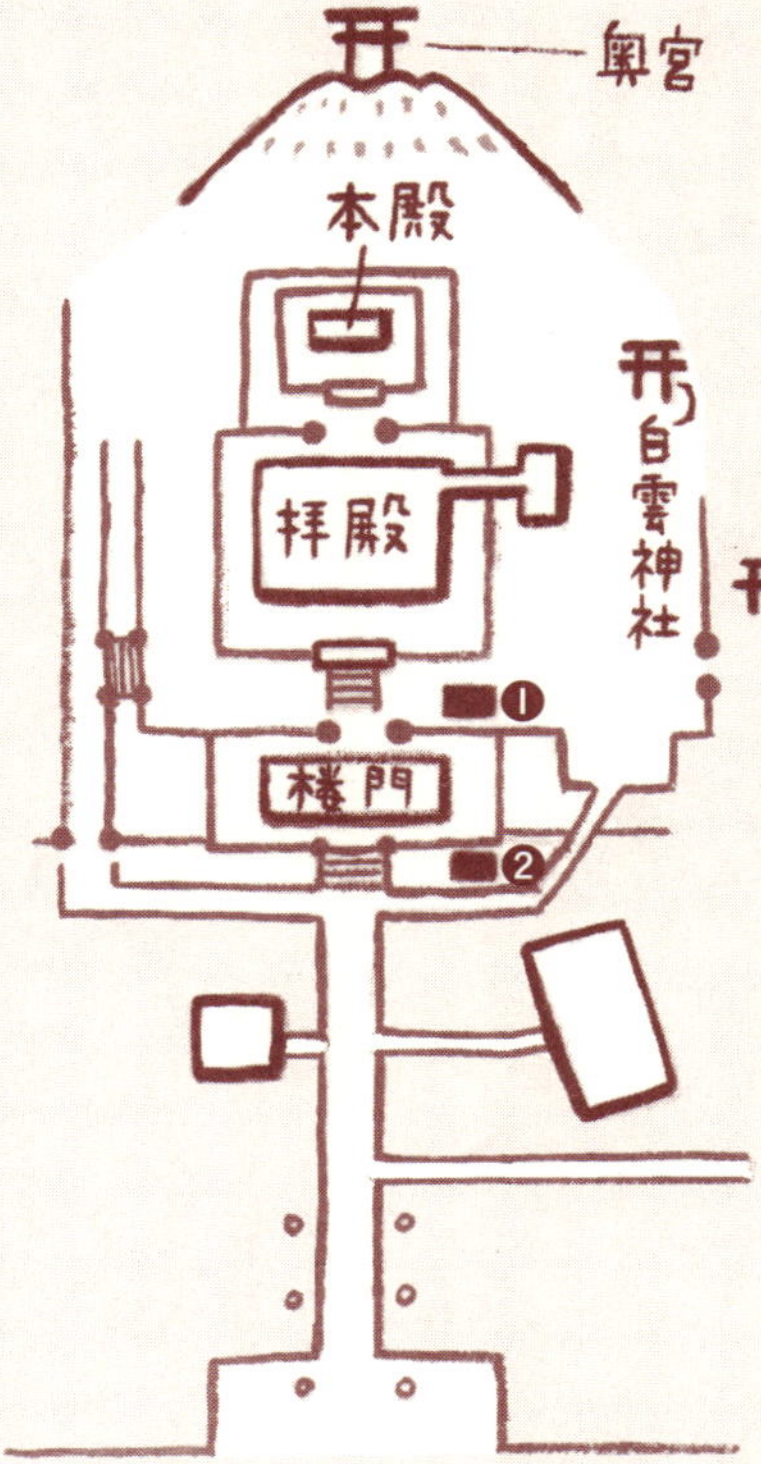

ある場所。

☑おすすめ開運行動
・ゆっくり深呼吸する。
・楼門の前の狛犬と一緒に写真を撮る。
・桜の季節に訪れる。

☑運気が上がるお守り
花のモチーフの鈴：幸運を引き寄せる。

おすすめの観光スポット
弘前公園：全体的に良い気が流れている。春は桜の名所。

おみやげ
「津軽びいどろ」のガラス細工：「水」の気と相性がよく、友だちや家族へのおみやげだけでなく、自分へのおみやげにおすすめ！

青森県弘前市百沢字寺沢27
☎0172-83-2135
ＪＲ奥羽線・弘前駅よりバスで40分、「岩木山神社前」下車。

パワー ☆☆☆☆ 青森県西津軽郡深浦町

青池《あおいけ》

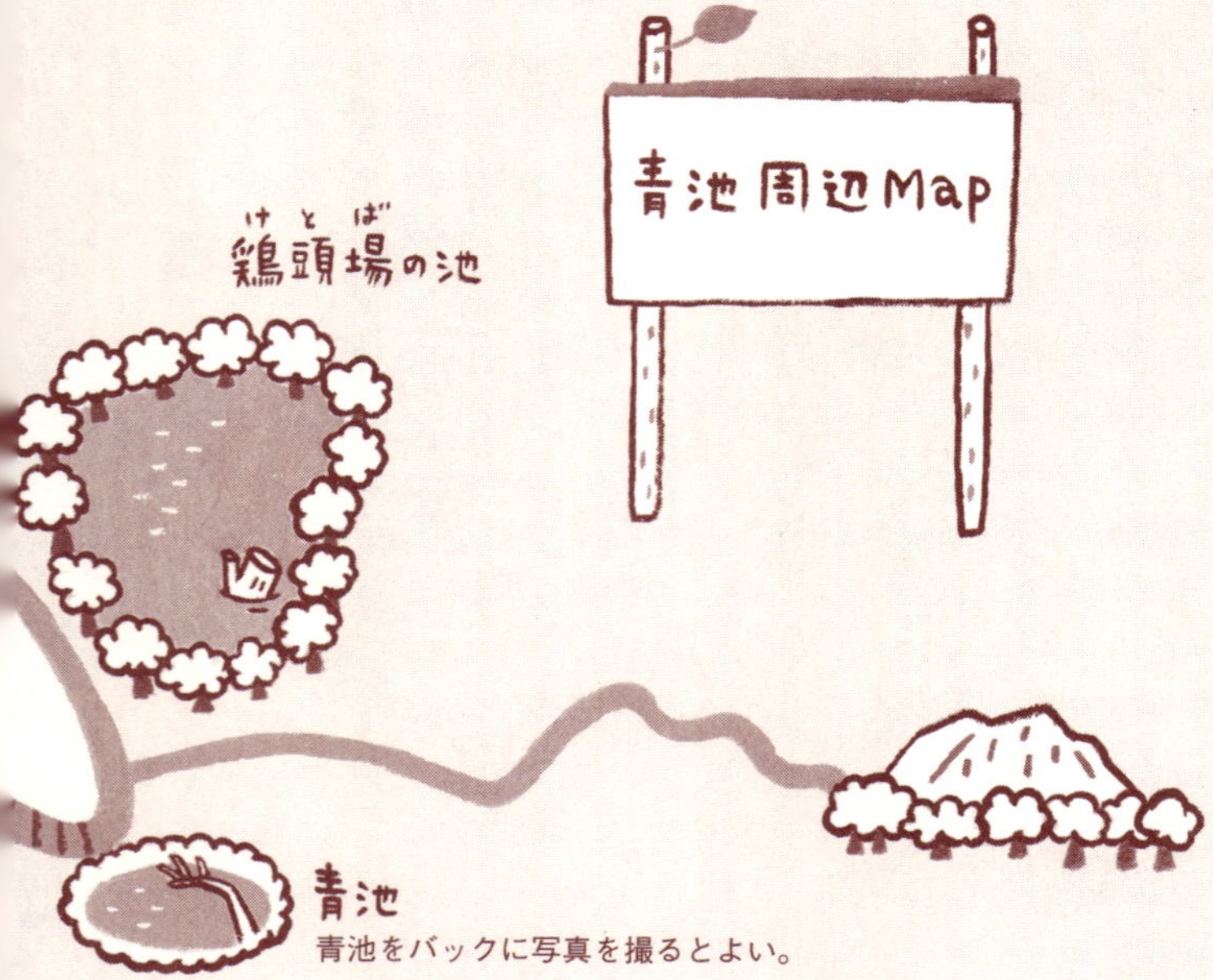

神秘的なまでに美しく青い湖。白神山地に守られた窪地にあり、すばらしい土地の気がみなぎる、まれなスポットです。

☑得られる運
美しい湖の輝きが、今の自分に足りない運を授けてくれる。女性にはビューティ運アップも。

☑こんな人におすすめ
運気を変えたいのにきっかけがつかめない人

☑開運スポットはここ！
青池のほとり

☑おすすめ開運行動
・神秘的な景色をゆったりした気持ちでながめて感動を味わう。

得られる運　✦ビューティ運　変化運　パワーチャージ

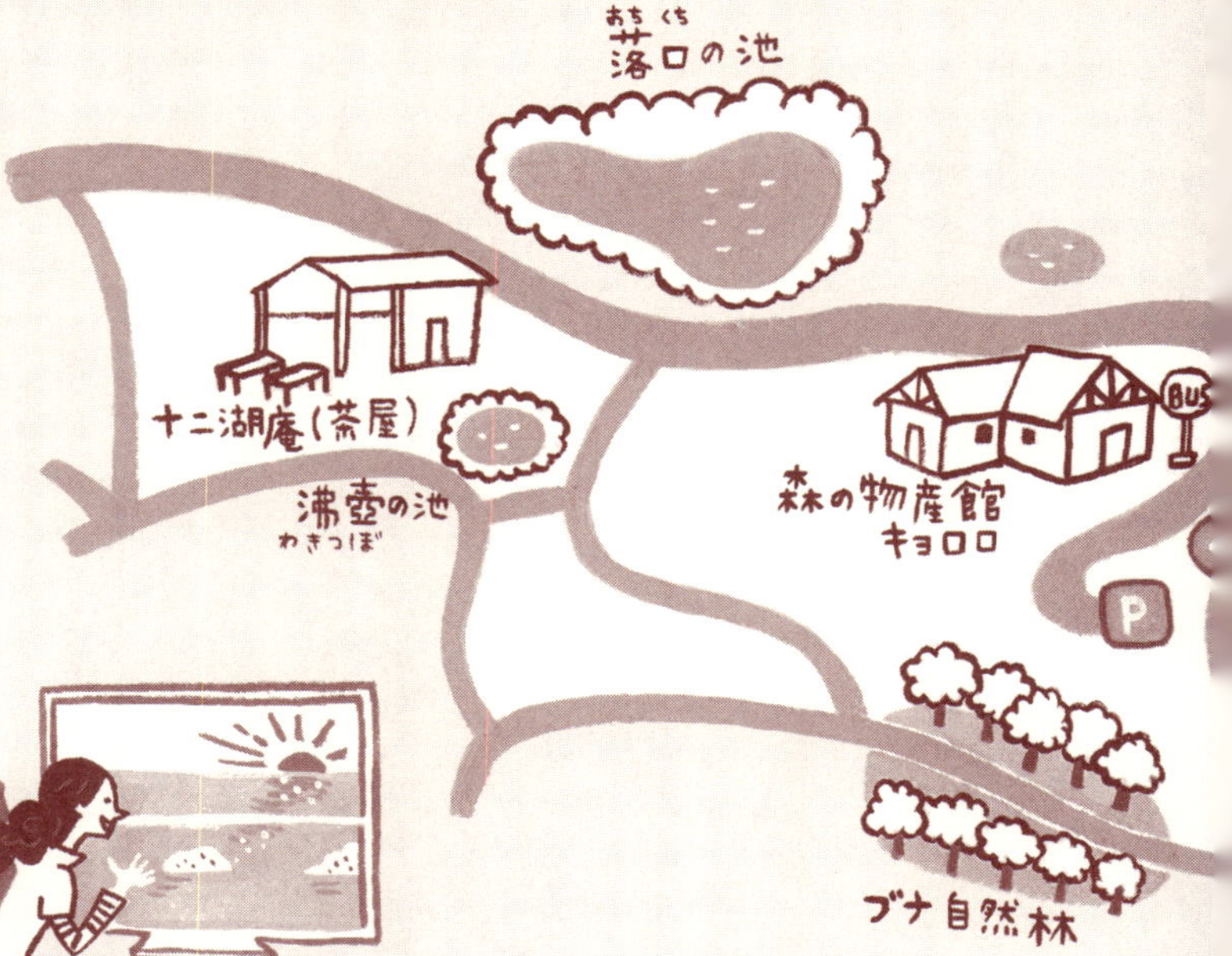

・青池をバックに写真を撮る。

☑気をつけたいこと

青池ではネガティブな言葉を使わないように注意！　その言葉を池が吸収して、あなたの運気に定着してしまう。前向きな気持ちで池をながめ、思いを心の中で告げること。

海沿いを走る電車から日本海に沈む夕日をのんびりながめて、金運アップ！

おすすめの観光スポット

十二湖めぐり：ブナ林の森林浴や、様々な湖の景色を楽しみながら歩く。

五能線での電車の旅：日本海の夕日は、金運アップに効果的。

青森県西津軽郡深浦町大字松神

☎0173-74-2111（深浦町観光課）

http://www.fukaura.jp/

JR 五能線・十二湖駅よりバスで15分、「奥十二湖」下車。冬期は入場制限があるので、深浦町観光課に問い合わせを。

パワー ☆☆☆☆ 秋田県仙北市

田沢湖《たざわこ》

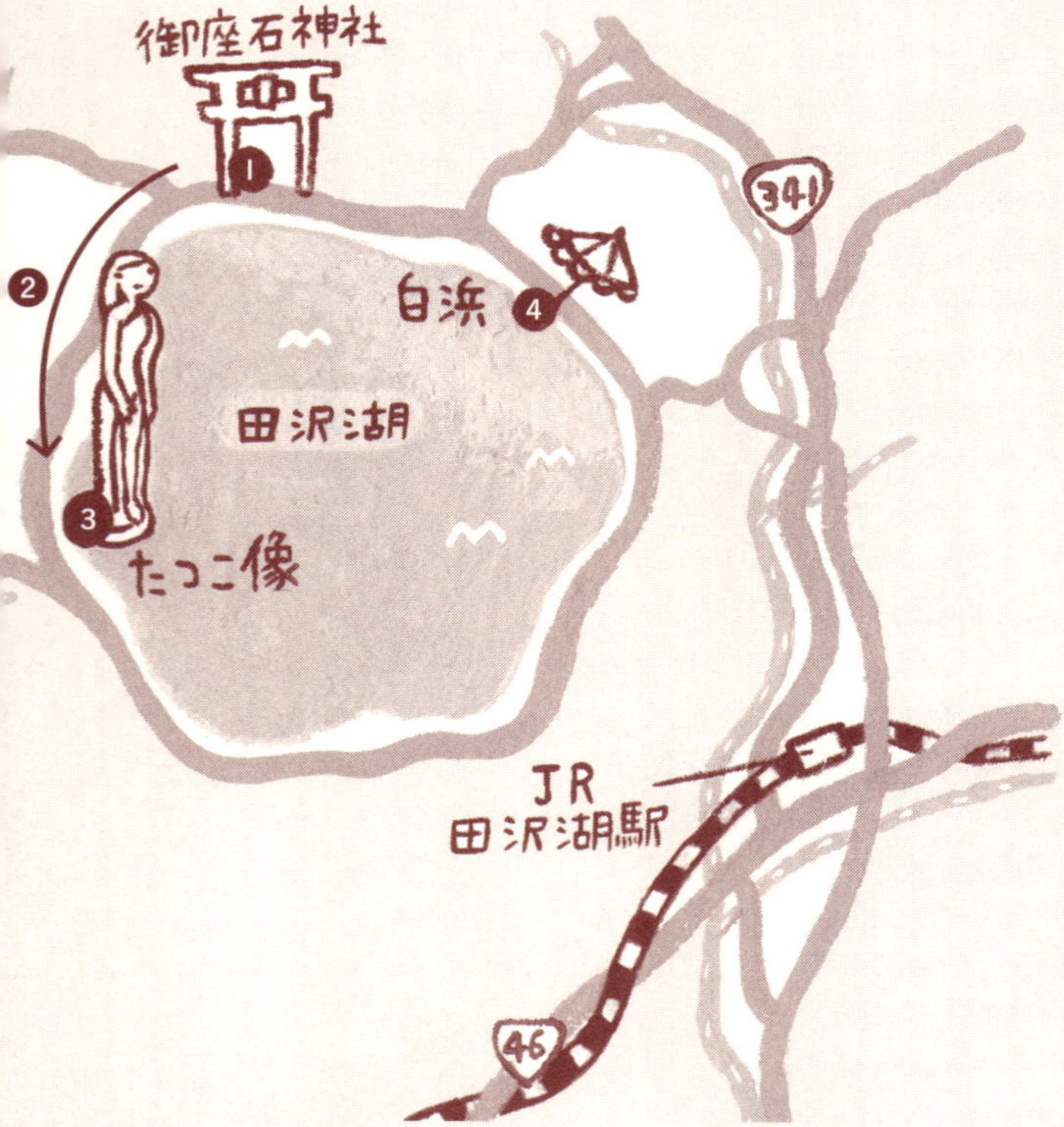

豊かな水をたたえた田沢湖は、おだやかな「水」の気をもつパワースポット。恋愛運、ビューティ運など、女性にはうれしい運気に満ちています。

☑得られる運

おだやかな「水」の気が女性らしさ、女性としての喜びを与えてくれる。

☑こんな人におすすめ

美しくなりたい人、恋愛運・愛情運・人の信頼を得たい人、心の平穏を得たい人

☑開運スポットはここ！

・御座石《ござのいし》神社の鳥居周辺
・「たつこ像」の周辺

得られる運　♥恋愛運　♡愛情運　✦ビューティ運　■心の平穏

田沢湖周辺Map

❶雨乞石と七種木《なないろぎ》周辺には良い気があるので写真を撮って。
❷御座石神社からたつこ像までの湖畔沿いがとくにラッキーなエリア。
❸たつこ像周辺で夕日を見るのもおすすめ。
❹白い砂が敷きつめられた白浜。

湖畔に立つ黄金色のたつこ像と一緒に記念撮影を。

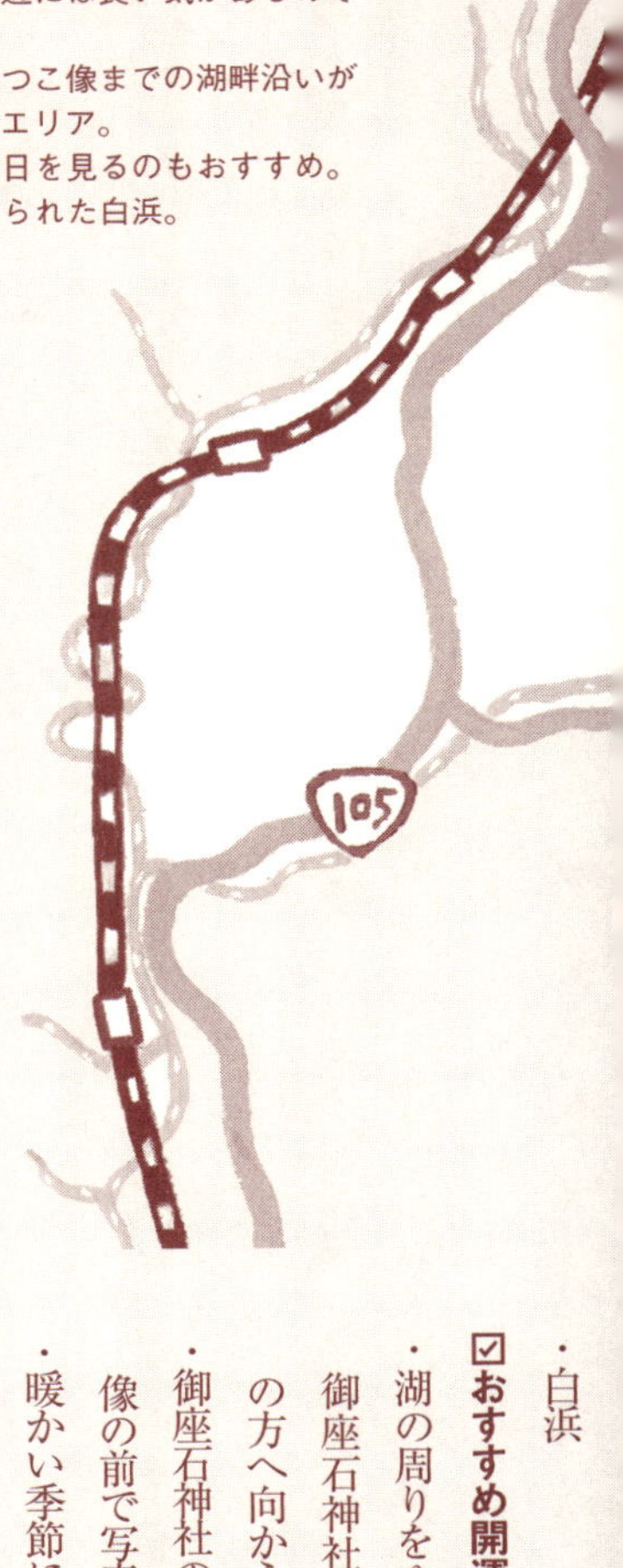

おすすめのグルメ

・比内鶏スープのきりたんぽ鍋：鶏肉は金運アップに効果的。名物きりたんぽは、運の土台を強くするお米でできているので、最強の金運フードといえる。
・イタリアン：「水」の気が強いところで、「陽」の気をもつイタリア料理を食べると運気がアップ！

秋田県仙北市田沢湖
☎0187-43-2111
（仙北市田沢湖観光情報センター）
www.tazawako.org
JR 田沢湖線・田沢湖駅よりバスで12分、「田沢湖畔」下車。

・白浜

☑**おすすめ開運行動**

・湖の周りをゆっくり散策：御座石神社からたつこ像の方へ向かうのがベスト。
・御座石神社の鳥居やたつこ像の前で写真を撮る。
・暖かい季節には白浜を裸足で歩く。

| パワー | ☆☆☆☆☆ | 岩手県西磐井郡平泉町 |

中尊寺
ちゅうそんじ

① 月見坂から本堂に向かう道は、歩くだけで運気を浄化できる。
② 覆堂前の階段左手にもよい気がある。
③ 白山神社は、神社へ向かう参道にのみ良い気が流れている。

中尊寺は岩手県を代表するパワースポット。岩手県はかつて砂金の産地として知られ、奈良の大仏の造営にはここで採れた砂金が大量に使われたと言われています。「金」の気が満ちたパワースポットです。

☑ 得られる運
強力な金運。悪運をリセットし、行くべき道を示してくれるパワーも。

☑ こんな人におすすめ
さまざまな意味で自分を見つめ直し、自分の道を新たに見つけたい人、人生がうまくいっていないと感じている人

☑ 開運スポットはここ!
・本堂へ向かう途中の「月見坂」と「覆堂」手前の階段のあたり‥肌にピリッとくるような気が感じられ

得られる運　金運　変化運　浄化

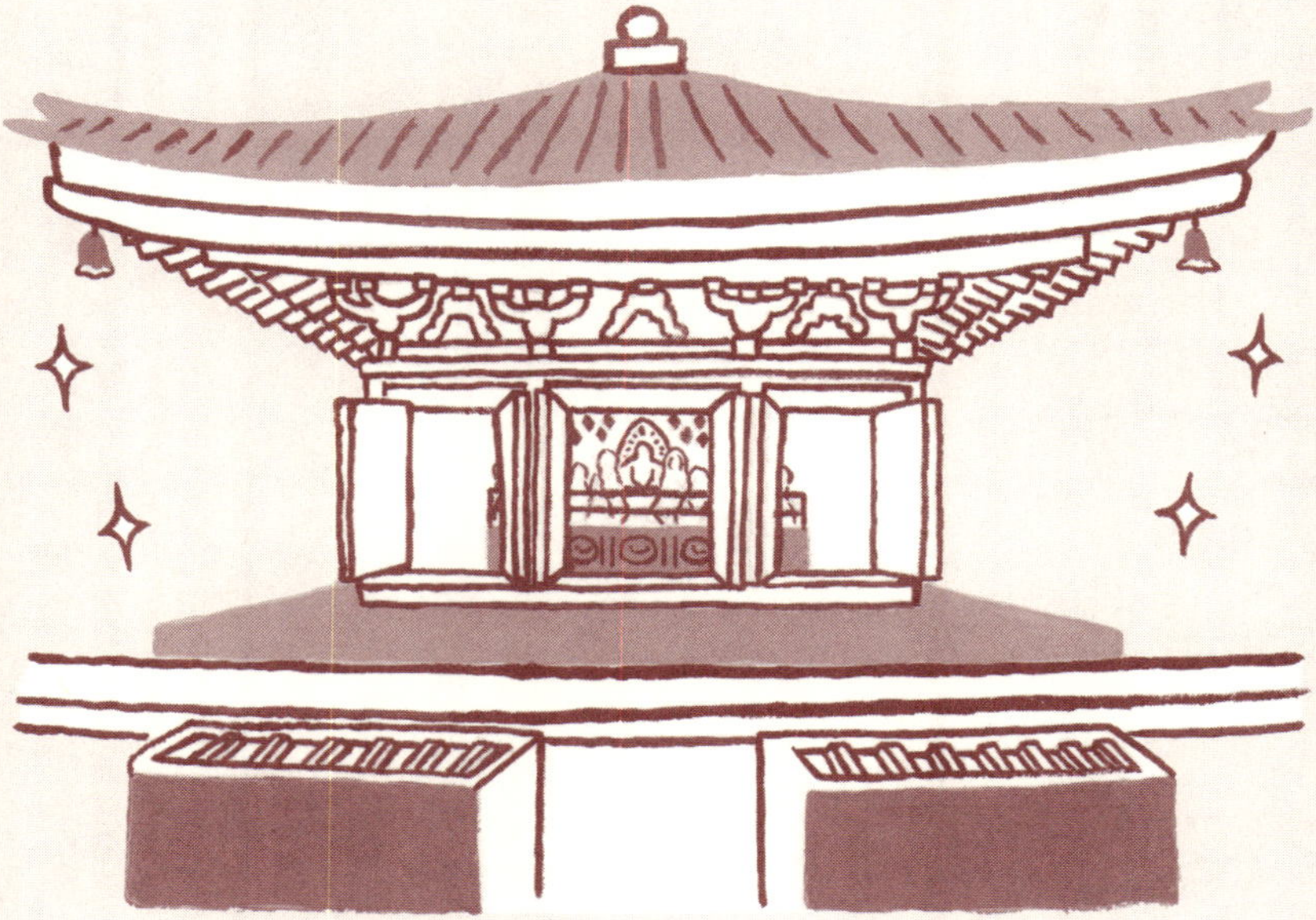

覆堂内にある金色堂には、強い金運が。

る。

・覆堂の中にある「金色堂」…たいへん強い「金」の気があり、歩いていると途中で体が浮き上がるような気が感じられる。

☑おすすめ開運行動

・金色堂の前でゆっくり深呼吸し、「金」の気を体に取り込む。

・中尊寺を訪れた後、近くの毛越寺にも立ち寄る。

おすすめのグルメ

牛肉料理。土地のものを食べることは運気を上げる。近隣の奥州市は「前沢牛」の産地。牛肉には金運をためるパワーがある。

岩手県西磐井郡平泉町平泉衣関202
☎0191-46-2211
www.chusonji.or.jp
JR 東北本線・平泉駅より徒歩25分。

パワー ☆☆☆☆　岩手県西磐井郡平泉町

毛《もう》越《つう》寺《じ》

毛越寺境内図

強い「金」の気があり、楽しみごとや豊かさを与えてくれるパワースポット。中尊寺と合わせてめぐると、さらに運気アップが期待できます。

☑得られる運

豊かさや楽しみごとなど、輝く人生を送るための運すべてがここに。強い「金」の気がある。

☑こんな人におすすめ

人生を豊かにしたい人、大きな金運を得たい人

☑開運スポットはここ！

・「大泉が池」の周囲：「金」の気は水に集まっていく性質がある。
・鐘楼跡
・池沿いの道の真ん中に生えた巨木のあたり

得られる運　金運　喜びごと

池に水を引き入れるために、平安時代につくられた遣水。毎年、新緑のころに曲水の宴が開かれる。

おみやげ
南部鉄器：金運をためるのに効果的。急須（鉄瓶）など、生活に取り入れやすいものがおすすめ。

岩手県西磐井郡平泉町字大沢58
☎0191-46-2331　www.motsuji.or.jp
JR 東北本線・平泉駅より徒歩12分。

❶道の真ん中に生えている巨木に注目して。
❷池の周りは全域がパワースポット。

☑おすすめ開運行動

・中尊寺とセットで訪れる：訪れる順番は、体にたまった悪運をリセットしてくれる中尊寺を先に、豊かさで満たしてくれる運気をもつ毛越寺をあとに。
・池の周りをゆっくりと散策して、気を十分に吸収する。
・木に触れる：パワーをダイレクトに取り込める。

☑気をつけたいこと

毛越寺のように「金」の気が強い土地は、ネガティブ思考の人を好まない。来られたことに感謝し、笑顔で過ごすことが土地に好かれるポイント。また、お腹を空かせていると運気の吸収力が弱まるので、食事をしてから行く。

鹽竈神社《しおがまじんじゃ》

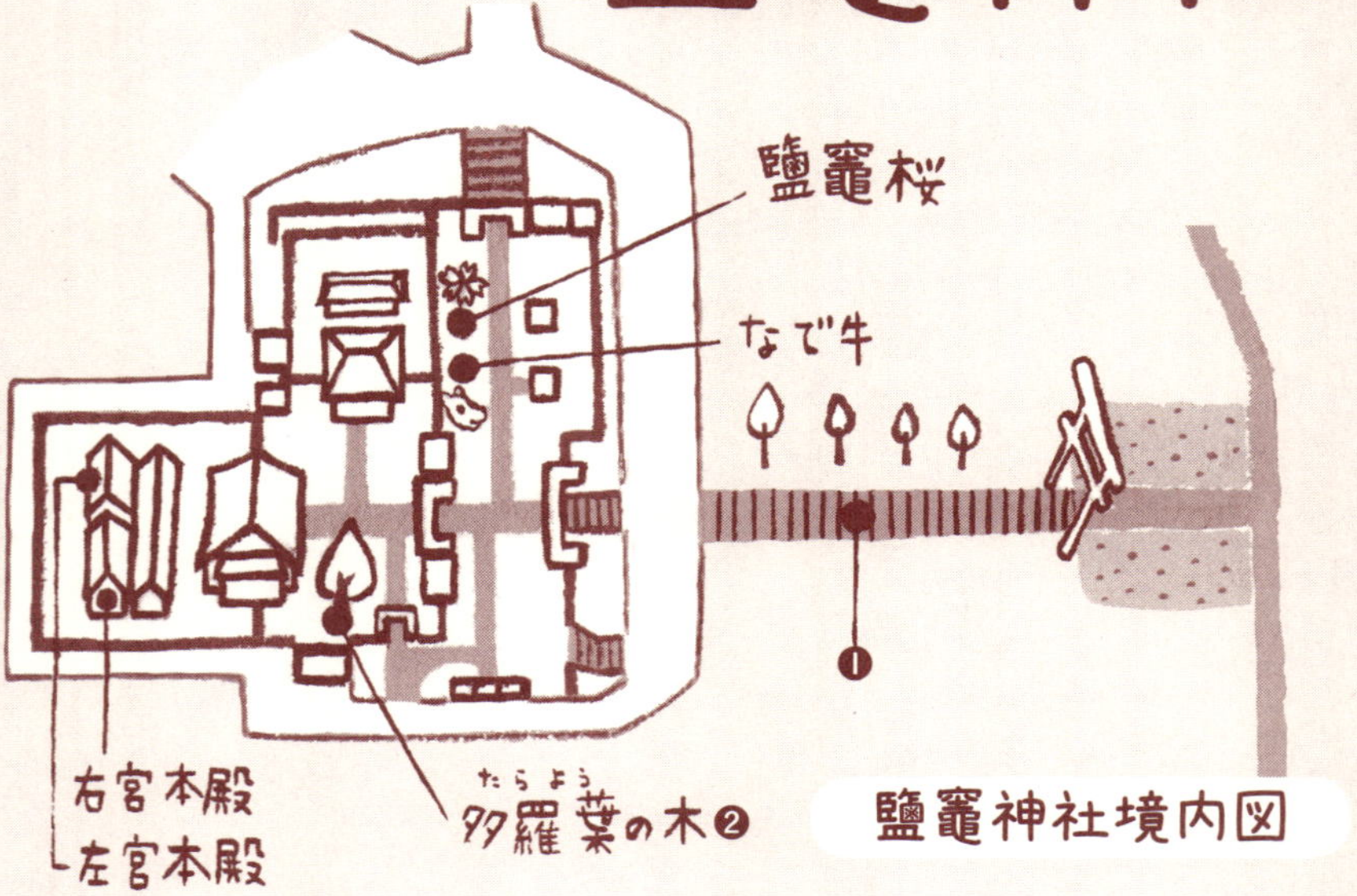

強力な浄化作用があり、今までの悪運をすべて流してくれるパワースポット。新しいチャンスの種も蒔いてくれるという、うれしい運気に満ちています。

☑得られる運

強力な浄化作用があり、悪運を流して新しいチャンスの種も蒔いてくれる。

☑こんな人におすすめ

気持ちや生き方をリセットしたい人、新しく何かを始めたい人

☑開運スポットはここ!

・表参道の石段
・タラヨウの木の周辺
・2つのお賽銭箱の中間あたり

☑おすすめ開運行動

・長い石段をゆっくり上る。

鹽竈桜にちなんだ「さくら咲く御守」。

鹽竈桜横にある「なで牛」。
おだやかな表情をしている。

・桜の季節に訪れる：国の天然記念物、鹽竈桜が満開になるシーズンは、「水」の気がいっそう強くなる。

☑運気が上がるお守り

「さくら咲く御守」や干支にちなんだユニークなネーミングのお守り：自分や友だちへのおみやげにおすすめ。

❶長い男坂を上ることが開運行動になる。
❷鹽竈神社博物館の前にあるタラヨウの木は、晩秋〜冬に美しい赤い実をつける。

おすすめの観光スポット

・みやぎ寿司海道：十数店の寿司店が三陸沖の新鮮なネタで個性的な寿司を提供。
・松島：観光船に乗って美しい島々のながめを楽しんで。
・作並温泉、秋保温泉、遠刈田温泉：内陸に足をのばしてゆっくり過ごすのもおすすめ。

おみやげ

・神社の「御神塩」：強い浄化作用がある。
・「浦霞」などの地酒。
・ずんだもち：活性と浄化の効果がある。

宮城県塩竈市一森山1-1
☎022-367-1611　www.shiogamajinja.jp
JR 仙石線・本塩釜駅より徒歩15分。

パワー ☆☆☆☆☆ 山形県鶴岡市

出羽神社《いではじんじゃ》

出羽神社境内図

羽黒山、月山、湯殿山、3つの山の気の影響を受けたパワースポット。運気を根底から底上げしてくれる強いパワーがあり、訪れる人を「運のいい人」にしてくれます。

☑得られる運

自分に足りない運を補って、運気の底上げをしてくれる。

☑こんな人におすすめ

総合的な運気・パワーを得たい人、自分の運気の底上げをしたい人

☑開運スポットはここ！

・祓川《はらいがわ》、須賀の滝、五重塔：人生の楽しみごとを与えてくれる「金」の気が強いエリア。

・2446段ある階段：五重塔から先は、人生の土台をつくる「土」の気

得られる運　★全体運：運気底上げ

二の坂茶屋名物「力餅」。あんこときなこのミックスが一番人気だとか。

2446 段の石段踏破の認定証。二の坂を上りきったところにある「二の坂茶屋」でくれる。

おすすめの観光スポット
月山：夏期ならば、足をのばして月山のリフトに乗るのもおすすめ。

山形県鶴岡市羽黒町手向字手向7
☎0235-62-2355
http://www.dewasanzan.jp/publics/index/55/
JR 羽越本線・鶴岡駅より庄内交通バス羽黒山行きで50分、終点下車。表参道の石段を上る場合は、同バスで「随神門」下車。

❶祓川は、昔の人が入山前に身を清めた川。今でも良い気が流れている。
❷羽黒山、月山、湯殿山、3つの山のうち、羽黒山頂にある出羽神社に三山の祭神が合祀され、出羽三山神社と呼ばれている。

が高まる。
・鏡池

☑おすすめ開運行動

・2446段の階段を歩いて上る‥参道がそのまま龍脈になっているので、体力のある人は自分で上ってみて。
・鏡池のほとりでゆっくりと過ごし、池をバックにして写真を撮る。

☑気をつけたいこと

石段を上る自信がない人は無理をせず、五重塔から引き返して、自動車やバスなどで頂上へ。頂上の鏡池にも強い生気があるのでパワーを吸収できる。

岩手県盛岡市 桜山神社《さくらやまじんじゃ》（盛岡城跡公園《もりおかじょうあとこうえん》 烏帽子岩《えぼしいわ》）

パワー ☆☆ 得られる運 パワーチャージ

☑**得られる運：**自信と、困難に立ち向かう勇気を与えてくれる。

☑**開運スポットはここ！**
烏帽子岩：公園内の桜山神社のご神体。かつて南部藩のお守り石として大切にされた巨石。

☑**おすすめ開運行動：**神社をお参りしたあと、烏帽子岩の付近をゆっくり歩く。

盛岡城跡公園に隣接する桜山神社内にある烏帽子岩。

岩手県盛岡市内丸1-37
☎019-681-0722（NPO 法人 緑の相談室）
JR 盛岡駅より徒歩15分。

福島県大沼郡会津美里町 伊佐須美神社《いさすみじんじゃ》

パワー ☆☆☆
得られる運 変化運 願いが叶う 定着の運気

☑**得られる運：**変化の気をもつ磐梯山と、安定の気をもつ明神ヶ岳にはさまれ、定着の運気をもつ場所に。地に足のついた現実的な願いを叶えてくれる。

☑**開運スポットはここ！**
・幹がぐるりとうねった「飛龍の藤」
・天海僧正が植えたといわれるヒノキ
・ご神木の「薄墨桜」：白からピンクへと花の色が変わる珍しい品種。

☑**おすすめ開運行動：**桜の時期に訪れる。

「飛龍の藤」は、枝や幹が渦巻いている。

福島県大沼郡会津美里町字宮林甲4377
☎0242-54-5050
JR 磐越西線・会津若松駅より会津高田行きバスで30分、「文殊堂前」下車、徒歩3分。

岩手県遠野市 早池峯神社《はやちねじんじゃ》

パワー ☆☆　得られる運 変化運

岩手県遠野市附馬牛町上附馬牛19-81
☎0198-64-2455
JR 釜石線・遠野駅よりバスで50分、「大出」下車。

☑**得られる運：**人を奮い立たせる山、早池峰山の気を受け、自分を変える強い意志を与えてくれる。新たなことを始める転機の運も。

☑**開運スポットはここ！：**本殿の前

☑**おすすめ開運行動：**正面から入ってお参りする。

宮城県仙台市 大崎八幡宮《おおさきはちまんぐう》

パワー ☆〜　得られる運 仕事運　定着の運気

宮城県仙台市青葉区八幡4-6-1
☎022-234-3606
www.okos.co.jp/oosaki
JR 仙台駅よりバスで20分、「大崎八幡宮前」下車、徒歩5分。

☑**得られる運：**良い運気を体に定着させるパワーをもつ。

☑**こんな人におすすめ：**努力してようやく道が拓けてきた人、経営が軌道に乗り始めた人

☑**おすすめ開運行動：**
拝殿前でゆっくり過ごす：体感度は弱めだが、静かな気が流れているので時間をかけて取り込んで。

山形県飽海郡遊佐町 鳥海山大物忌神社《ちょうかいさんおおものいみじんじゃ》 吹浦口之宮《ふくらぐちのみや》

山形県飽海郡遊佐町吹浦字布倉1
☎0234-77-2301
www9.plala.or.jp/thoukai
JR 羽越本線・吹浦駅より徒歩5分。

パワー ☆☆☆
得られる運 変化運　浄化　才能の開花

☑**得られる運：**前に進む意欲を与え、自立を促してくれる。浄化力、眠れる才能の開花も。

☑**こんな人におすすめ：**生き方を変えたい人

☑**おすすめ開運行動：**鳥海山を見ながら強く願う。

☑**気をつけたいこと：**「大物忌」とは不浄を嫌うという意味で、ここには強い浄化力がある。生半可な気持ちの人は受け入れてもらえない。

日本のパワースポットについて

よく日本のパワースポットから得る運と世界のパワースポットから得る運の違いは何ですか？　と聞かれることがあります。

もちろん、どちらもその土地のもつパワーを受け取るわけですから、運として大きな違いがあるわけではありません。

ただ、日本で生まれて育った人にとって日本のパワースポットから得るパワーは、自分のベースに蓄積し、運気を根底から変えていく力になります。

とくに生まれ育った土地、両親の故郷、何度も訪れたことがある土地など、自分にゆかりのある土地であればあるほど、その力は強くなります。

まったくゆかりがない土地だとしても、なんとなく「懐かしい」感じがする土地なども、自分の運気に浸透しやすい土地なので、その土地を訪れたときの自分の感覚を大切にしましょう。

そういう土地では、まず感謝の気持ちを伝えることが大地のパワーを受け取るポイントです。その場所へ来られたことへの感謝、その場所に出会えたことへの感謝など、お参りをする前に心の中でしっかりと感謝の言霊を述べてから自分の願いを告げることを忘れないでくださいね。

また、ご紹介している日本のパワースポットは神社やお寺がほとんどです。

日本で生まれ育った人は、その土地のパワーは感覚として「神様」から得る運だと思われるでしょうが、パワースポットの気は大地から得るものです。

神様への感謝と共に、その土地への感謝の気持ちをもつことが大地のパワーを自分の運として定着させるポイントです。心がけましょうね。

第3章
関東地方

パワー ★★★★★ 群馬県高崎市

榛《は》名《る》神《な》社《じんじゃ》

上から降ってくる「天」の気がはっきりと感じられる、国内でもまれな場所です。天から降りる気を、地盤の岩山が強力に引きつけているからでしょう。壮大な願いごとが叶いやすく、しかも即効性のあるパワースポットです。

榛名神社境内図

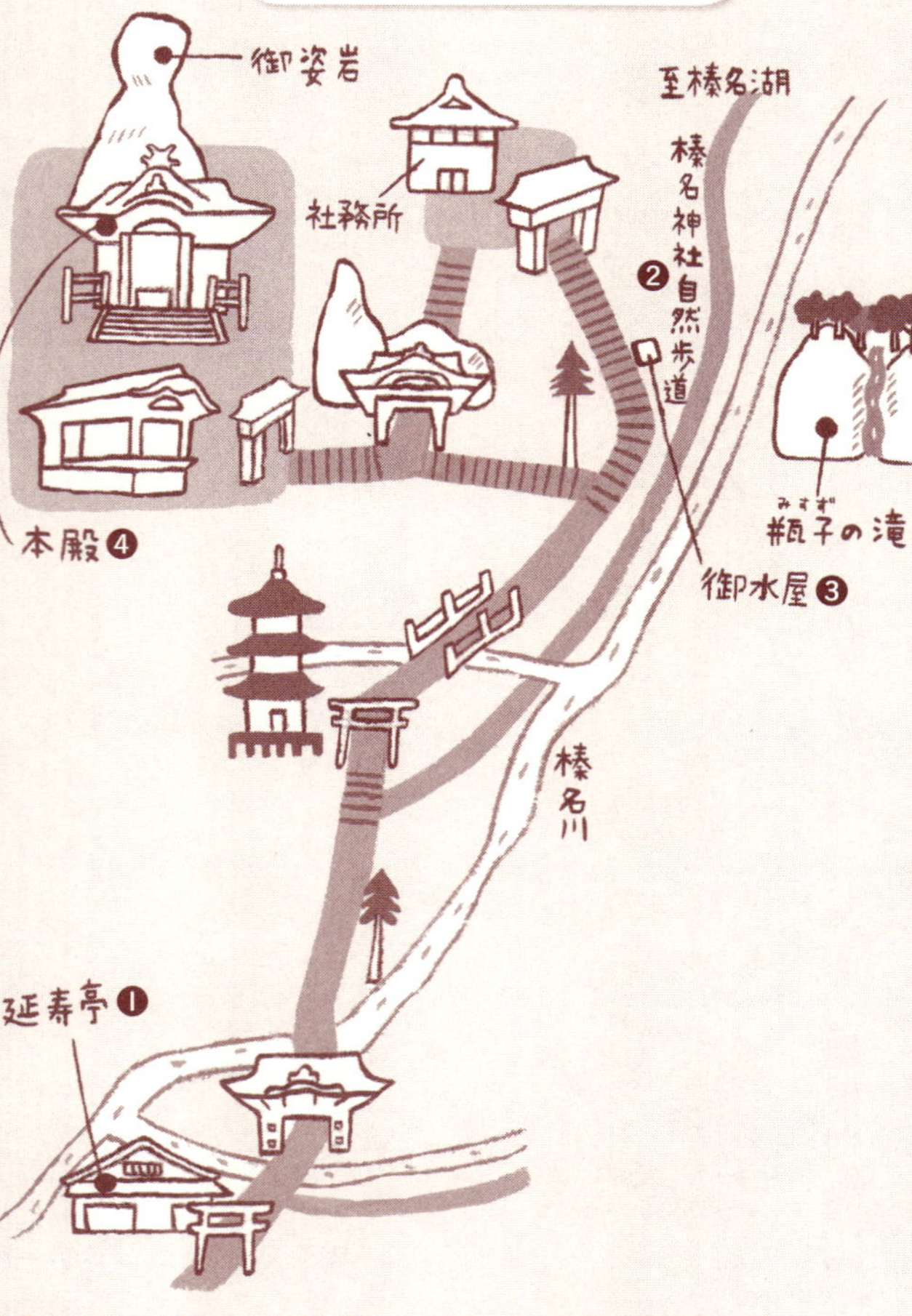

❶「延寿亭」では、こけももジュースや名水でいれたコーヒーを楽しめる。
❷社殿に向かう参道に良い気が流れている。
❸御水屋で足をとめ、上方の「御姿岩」を見上げて。
❹本殿前が強力なパワースポット。

得られる運　★全体運：願いが叶う

境内では、七福神が出迎えてくれる。

おすすめの観光スポット
・伊香保温泉：仕事運アップに。浄化作用が強い。
・草津温泉：恋愛運アップに。浄化作用が強い。

おみやげ
・果肉たっぷりのこけももジュース。
・季節によってはオトギリソウなどの珍しい山野草も買える。

群馬県高崎市榛名山町849
☎027-374-9050　www.haruna.or.jp
JR高崎駅よりバスで1時間10分、「榛名神社前」下車、徒歩15分。

☑得られる運
「天」の気が大きな願いごとを叶えてくれる。即効性があるのも特徴。

☑こんな人におすすめ
強い向上心をもっている人、人生を大きく変えるチャンスがほしい人

☑開運スポットはここ！
随神門から先の全域：とくに本殿奥の御姿岩。「天」の気が降りてきている。

☑おすすめ開運行動
・参道をゆっくりと歩く：歩くほどに開運の気を吸収できる。
・御水屋のあたりから岩山を見上げる。
・本殿脇のあたりから御姿岩を見上げる：「天」の気を吸収できる。

日光東照宮《にっこうとうしょうぐう》

徳川家康公をまつる神社。長生きして天下をつかんだ家康公にちなみ、長命や健康、ステイタスアップをお願いするのがおすすめです。

☑得られる運

健康・長命運のほか、出世・成功運も非常に強い。

☑こんな人におすすめ

向かっていく力・上昇していく力がほしい人、出世したい人、健康に長生きしたい人

☑開運スポットはここ！

・「眠り猫」
・「眠り猫」から家康公の墓所「奥宮宝塔」へ向かう道
・奥宮宝塔とその横に生える「叶杉《かなえすぎ》」

日光東照宮境内図

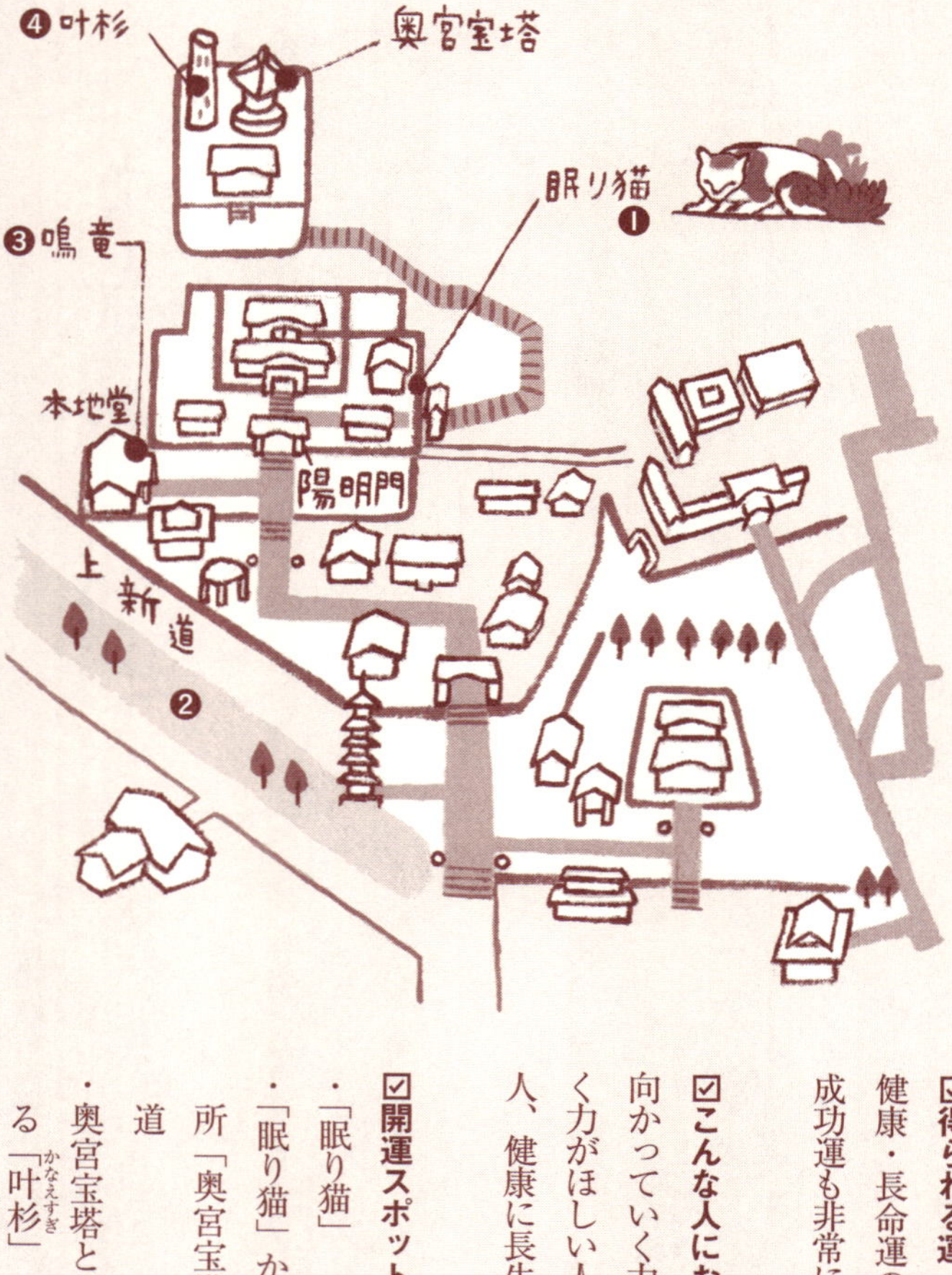

得られる運　健康・長命運　出世運　成功運

陽明門。華麗な彫刻がほどこされ、日が暮れるまでながめていても飽きないということから、「日暮《ひぐらし》の門」とも呼ばれる。

おすすめの観光スポット

日光杉並木街道：江戸時代、日光東照宮に寄進するために植えたとされる1万2500本もの杉並木には、浄化のパワーがいっぱい。

おみやげ

杉線香：この地の杉の木を原料にした杉線香をおみやげにすることで、パワーを持ち帰ることができる。

❶眠り猫の彫刻（国宝）は、左甚五郎作と伝わる。「共存共栄・国家安泰」の願いが込められているとか。
❷東照宮から日光二荒山神社へ向かう上新道は、2つの神社の気がつながっている強力なパワースポット。
❸本地堂の天井に描かれた鳴竜の音を聞くことで、土地の気の吸収率がアップする。
❹奥宮では、順路に沿って宝塔の周りを歩くとよい。叶杉、宝塔前、宝塔をはさんで叶杉の向かい側の場所にパワーがあるので、立ち止まって。

栃木県日光市山内2301
☎0288-54-0560　www.toshogu.jp
東武線・東武日光駅またはJR日光線・日光駅より徒歩20分。

・本地堂の「鳴龍」：手を叩くことで、土地の気の吸収率がアップ。
・「上新道」：東照宮と日光二荒山神社の気がつながっている最大のパワースポット。

☑おすすめ開運行動

奥宮には正面から流れる気と、横から流れる気がクロスして重なる地点があるので、立ち止まって体感して。

☑運気が上がるお守り

奥社の授与所でいただける「叶え杉お守り」や、「叶鈴お守り」。おみやげにすると、願いごとが叶いやすくなる。

日光《にっこう》二荒山神社《ふたらさんじんじゃ》本社《ほんしゃ》

神苑の奥の「二荒霊泉」では水を汲んで持ち帰ることができる。

日光東照宮から二荒山神社本社へ向かう上新道は、両社の気が合流した非常に強いパワースポットです。気の流れが東照宮から二荒山神社へと向かっているので、東照宮を先に訪れるといいでしょう。

☑得られる運

恋愛運と金運が豊かになる。

☑こんな人におすすめ

恋愛運と金運、両方の運気がほしい人

☑開運スポットはここ！

・日光東照宮から二荒山神社本社へ向かう「上新道」：気が噴き上がっている場所。ゆっくり歩いて体感して。

・拝殿前：温かく、ほっこりとした気が感じられる。お参りをしたあとは左手の神苑へ。

得られる運　♥恋愛運　金運

日光二荒山神社本社境内図

❶東照宮からこの道を通って拝殿へ向かうとラッキー。
❷金運がほしいなら大国殿、恋愛運がほしいなら朋友神社へ。
❸神苑にある「高天原」は神様が降りる地と言われ、この土地のすべてのパワーが集まっている場所。二荒霊泉にもパワーがある。

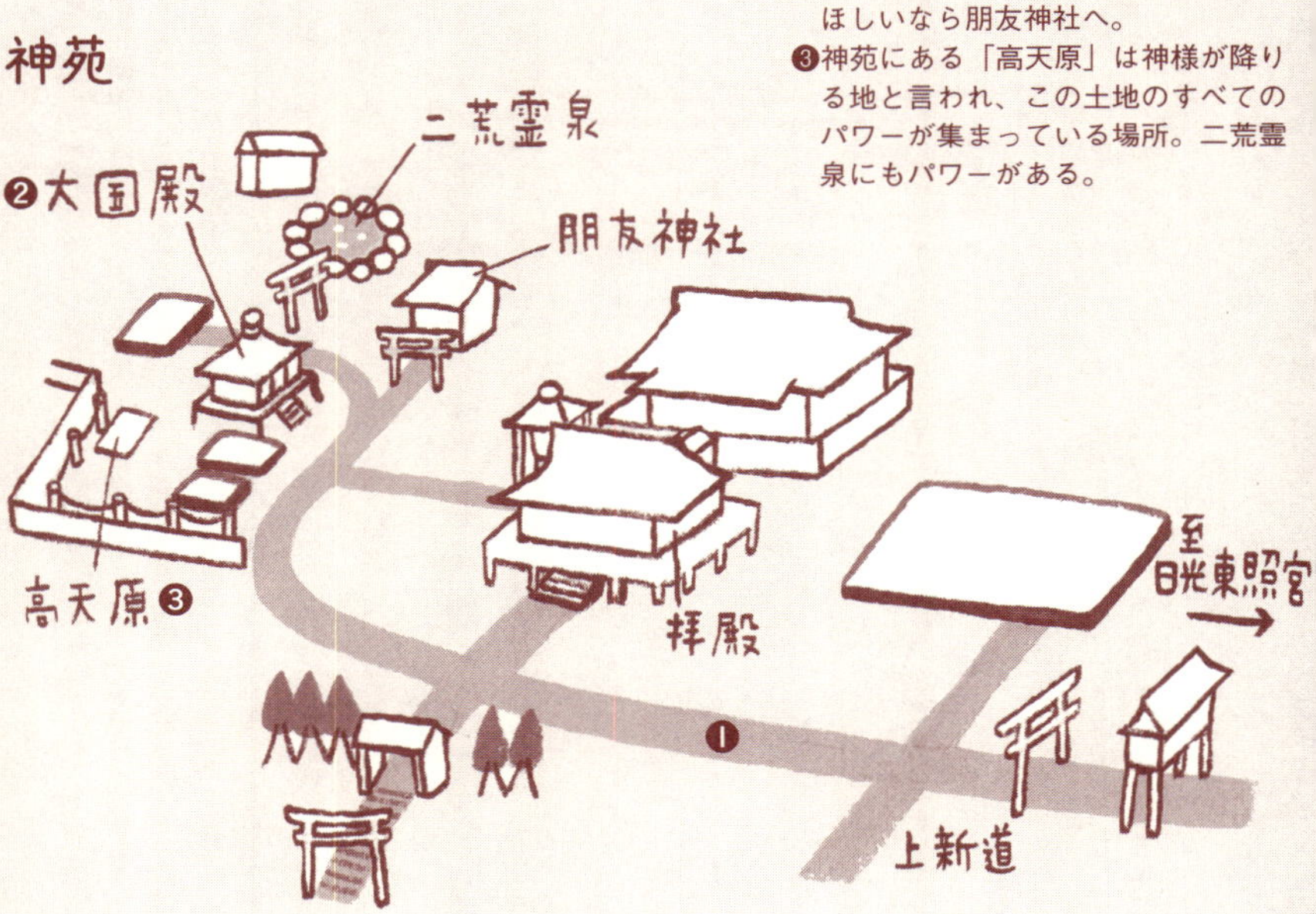

・神苑：朋友《みとも》神社では恋愛運を、大国《だいこく》殿《でん》では金運を高めることができる。

☑**おすすめ開運行動**

・神苑内の「高天原」で、しめ縄の内側に手を入れる。ふんわりとした温かさを感じることができる。

・神苑の奥にあるご神水「二荒霊泉」でお水取りをする。隣のお休み処で、二荒霊泉の水を使ったコーヒーや抹茶をいただくのもおすすめ。

おすすめのグルメ

湯葉料理：日光の水の良さを生かした名物で、日光市内にはいくつも専門店がある。「水」の気が強いため、愛情運を高めたり、絆を強めたりといった運がもらえる。美しさがアップするパワーもあるので、よく味わって。

栃木県日光市山内2307
☎0288-54-0535　www.futarasan.jp
東武線・東武日光駅またはJR日光線・日光駅より徒歩20分。

パワー ★★★★★　栃木県日光市

瀧《たき》尾《のお》神社

運試しの鳥居。鳥居の穴に石を投げて入れる（3回まで）。

東照宮の奥、歩いて20分ほどのところにある、日光二荒山神社の別宮です。日光で一番パワーが強い秘境スポット。心身・物質的ともに豊かになる運気が得られます。

☑得られる運

「水」の気がもたらす恋愛・結婚・愛情運を引き寄せる。心身はもちろん、物質的に豊かになる運気。女性の美しさが満ちるビューティ運も。

☑こんな人におすすめ

恋愛体質になりたい人、結婚したい人、愛情運がほしい人、子宝を授かりたい人、メンタル・金銭面でより豊かになりたい人、美しくなりたい人

☑開運スポットはここ！

・本殿の裏手にある神聖なご神木「滝

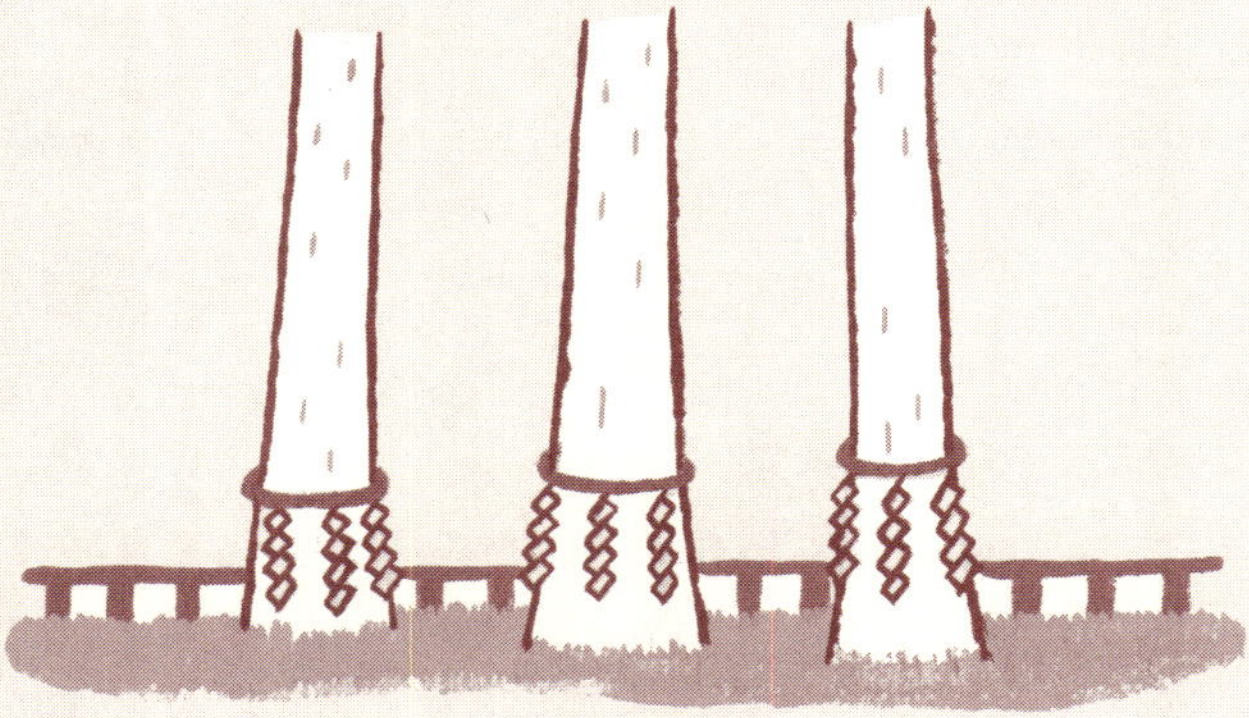

ご神木「滝尾三本杉」
にもお参りを。

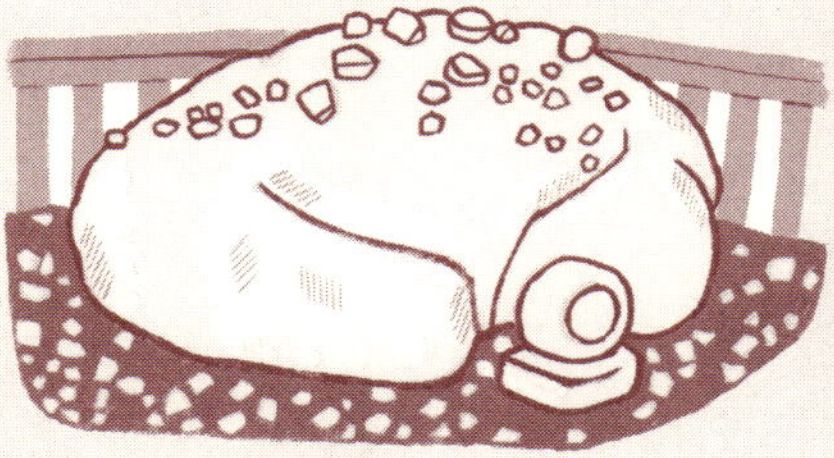

「子種石」には触らない。

栃木県日光市山内
日光二荒山神社本社の参道左側の山道を登る。

尾三本杉」
・酒の味がすると言われている湧き水「酒の泉」
・どなたでも強い気を体感できる「子種石」：子宝に恵まれ、安産祈願にもご利益があるとされる。

☑おすすめ開運行動
・本殿の前にある「無念橋」を自分の年齢と同じ歩数で渡ると願いが叶うと言われている。
・滝尾三本杉、子種石の前でお参りをする。
・運試しの鳥居の穴に石を投げ入れる：3回以内に入れば運がいい。

☑気をつけたいこと
「子種石」には触らないこと。お参りするだけでパワーの強さを実感できる。

得られる運　♛成功運　…達成運　パワー　☆☆☆½　埼玉県秩父市

三《みつ》峯《みね》神《じん》社《じゃ》

真っ白な一の鳥居。狛犬はオオカミ！

埼玉県秩父市三峰298-1
☎0494-55-0241　www.mitsuminejinja.or.jp
西武秩父線・西武秩父駅よりバスで1時間15分、「三峯神社」下車。

まっすぐで密度の濃い生気をもったパワースポットです。厳しくも、大いなる目標へ導いてくれます。

☑得られる運

ひとつの目的に突き進んでいきたいときに訪れると、目標達成に大きな力を貸してもらえる。

☑こんな人におすすめ

何かを達成したいという、やる気に満ちた気持ちの強い人

☑開運スポットはここ！

拝殿の前と、拝殿に上がる階段横の杉の木のあたり

☑おすすめ開運行動

・静かに深呼吸する。
・境内の宿泊施設、興雲閣の温泉「三峯神の湯」に入る：パワーが強いので、湯あたりに注意！

☑気をつけたいこと

心や体が弱っている人は体調を見ながら訪れて。

得られる運　！チャンス　発展運　仕事運　パワー　☆☆☆☆　千葉県香取市

香取神宮《かとりじんぐう》

ご本殿に向かって左手にある三本杉で記念撮影を。

おすすめの観光スポット
小野川沿いの歴史的町並み。利根川の支流、小野川の水運を活用して栄えた江戸時代の面影を残している。おそば屋さんやお洒落なカフェなど、グルメスポットも充実。

おみやげ
厄落としだんご。

千葉県香取市香取1697
☎0478-57-3211
www.katori-jingu.or.jp
JR成田線・香取駅より徒歩30分。

「水」の良い気から生まれたパワースポット。一般に「水」の気から生まれた場所は、「金」の気が強い傾向にありますが、ここは「木」の気が強くなっています。「水」の良い気が「木」を育てているのでしょう。

☑得られる運
「水」の気から生まれたパワーが「木」の気を育て、訪れる人の成長やチャンスの到来を促してくれる。

☑こんな人におすすめ
仕事運がほしい人、タイミングやチャンスをつかみたい人、人間的に成長したい人

☑開運スポットはここ！
総門の先の楼門をくぐったあたり、拝殿とご本殿の周囲

☑おすすめ開運行動
・拝殿とご本殿の周りを一周する。
・ご本殿左手の「三本杉」の前で写真を撮る。

パワー ☆☆☆☆☆ 東京都千代田区

皇居外苑《こうきょがいえん》

皇居外苑マップ

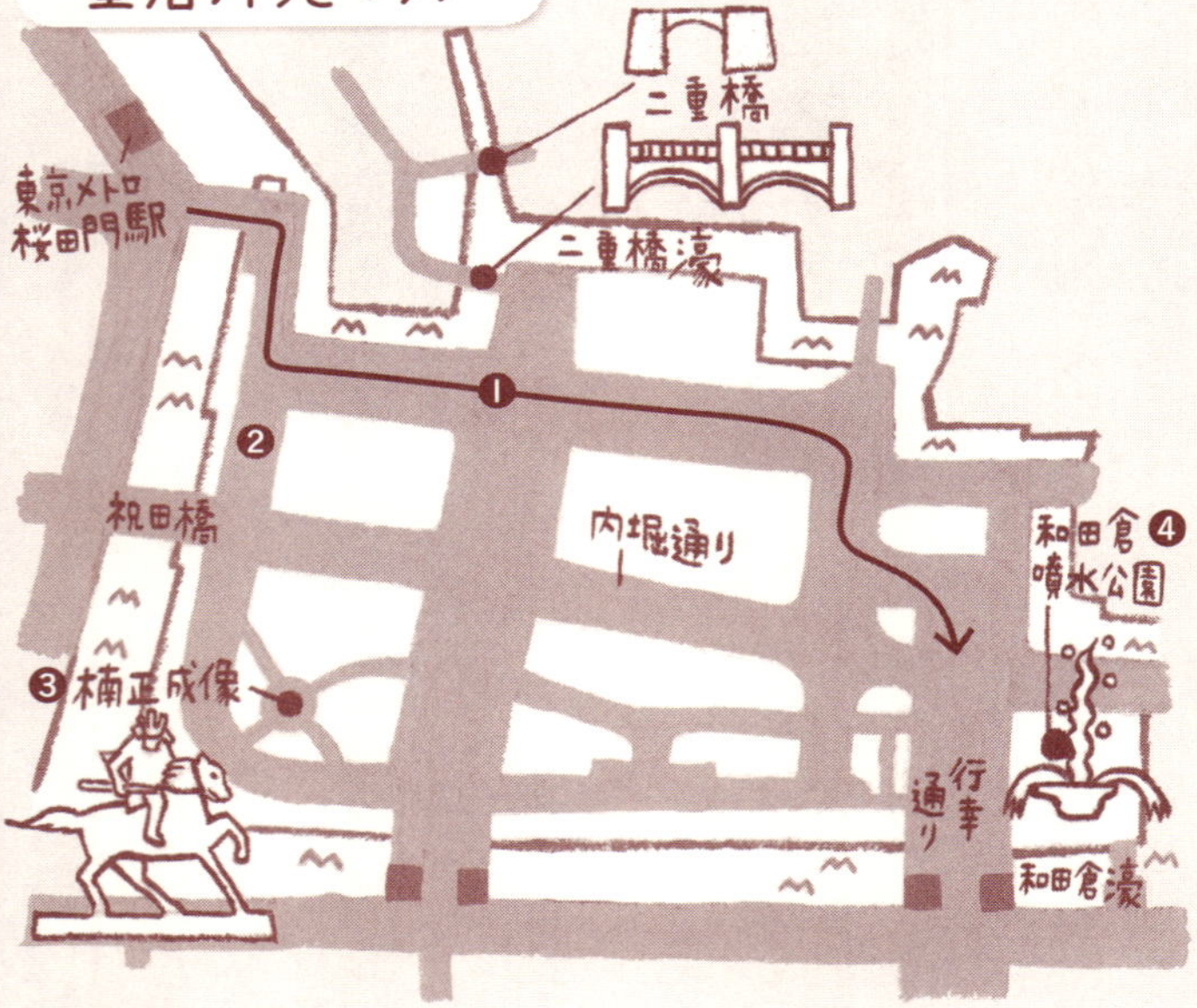

❶二重橋をながめると○。
❷お堀沿いをのんびりと歩いて。
❸楠正成像周辺にも良い気が感じられるので、帰りに立ち寄って。
❹和田倉噴水公園は、二重橋と並ぶほど強いパワースポット。園内にレストランもある。

風水師・南光坊天海が立案した都市計画をもとにつくられた巨大都市、江戸。今もなお、東京の地にパワーを集めています。

その中心に位置する皇居には、街道を伝って富士山と秩父山系の生気が流れ込んでいます。

☑得られる運
自分の土台を築き、ステージアップする運気がもらえる。

☑こんな人におすすめ
総合的な運気が得られるので、どんな人にもおすすめ

☑開運スポットはここ！
・「桜田門」を入って「和田倉噴水公園」へ向かうコー

得られる運　★全体運：ステージアップ

おすすめの観光スポット
観光バス「スカイバス東京」に乗る。

東京都千代田区千代田皇居外苑1-1
☎03-3231-5509（国民公園協会 皇居外苑） www.fng.or.jp/koukyo/koukyo-index.html
東京メトロ有楽町線・桜田門駅よりすぐ。

二重橋。水面に映った姿と合わせるとめがねの形に見えることから「めがね橋」とも呼ばれる。

ス：「二重橋」をのぞむお堀沿いの道がパワースポットになっている。

・和田倉噴水公園

☑おすすめ開運行動

・和田倉噴水公園で噴き上がる噴水を見る：この土地の生気をスムーズに吸収できる。園内のベンチに座ったりしながら、時間をかけてながめると運気が上昇。

パワー ☆☆☆☆☆ 東京都渋谷区

明《めい》治《じ》神《じん》宮《ぐう》

富士山から、街道を通って来た生気がたまる場所です。風水で言う「龍」はここでひと休みをして、赤坂御所を通り、皇居へと流れ込んでいます。

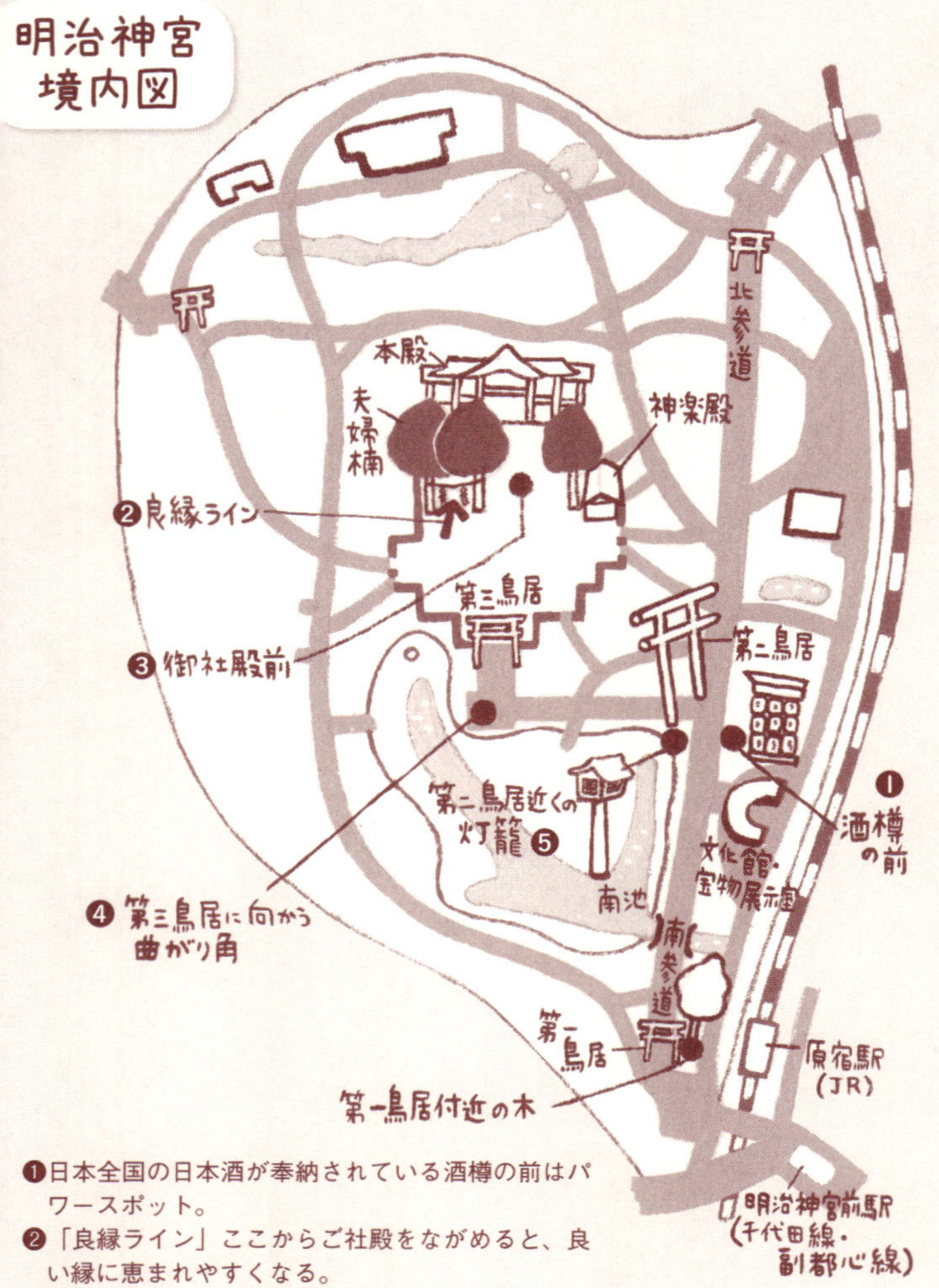

❶日本全国の日本酒が奉納されている酒樽の前はパワースポット。

❷「良縁ライン」ここからご社殿をながめると、良い縁に恵まれやすくなる。

❸ご社殿には、良い気が満ちている。

❹第二鳥居から第三鳥居に向かう途中の曲がり角一帯がパワースポット。大木のそばでのんびりして。

❺第二鳥居近くの灯籠前でひと休みして。

境内で結婚式に出会うとラッキー。

東京都渋谷区代々木神園町1-1
☎03-3379-5511
www.meijijingu.or.jp
JR山手線・原宿駅より徒歩1分。

☑得られる運

人間関係運、出会いから結婚までの縁の運気が得られる。

☑こんな人におすすめ

恋愛や仕事、あらゆる面で良縁がほしい人

☑開運スポットはここ！

・原宿口からご社殿へ向かう南参道：参道の入り口にお茶が飲めるコーナーがあるので、ここに座ってゆったりと過ごせば気の吸収率が高まる。

・日本全国の日本酒が奉納されている酒樽の前

・第二鳥居から第三鳥居に向かう途中の曲がり角

・社殿の前のしめ縄がかかった夫婦楠：良縁に恵まれたい人は夫婦楠の間から社殿をながめて。「良縁ライン」を体に吸着できる。人によっては「ラインがピンク色に見える」ことも。

☑おすすめ開運行動

・明治神宮の杜の中をゆっくり歩く：晴れた日だけでなく、雨の日もしっとりと風情があり、とても良い気が流れている。

・何か縁を感じる人と一緒に行く：二人で訪れても楽しめるが、互いの縁を強めることができ、相手の縁の運にもあやかれる。

☑気をつけたいこと

重い荷物をもったり、動きにくい服装で出かけるのは、気の吸収を妨げるので避けること。歩きやすいファッションで。

箱《はこ》根《ね》神《じん》社《じゃ》

芦ノ湖のほとりから長い参道を上っていく神社です。必ず第四鳥居をくぐって正参道を進んでお参りしてください。

箱根神社境内図

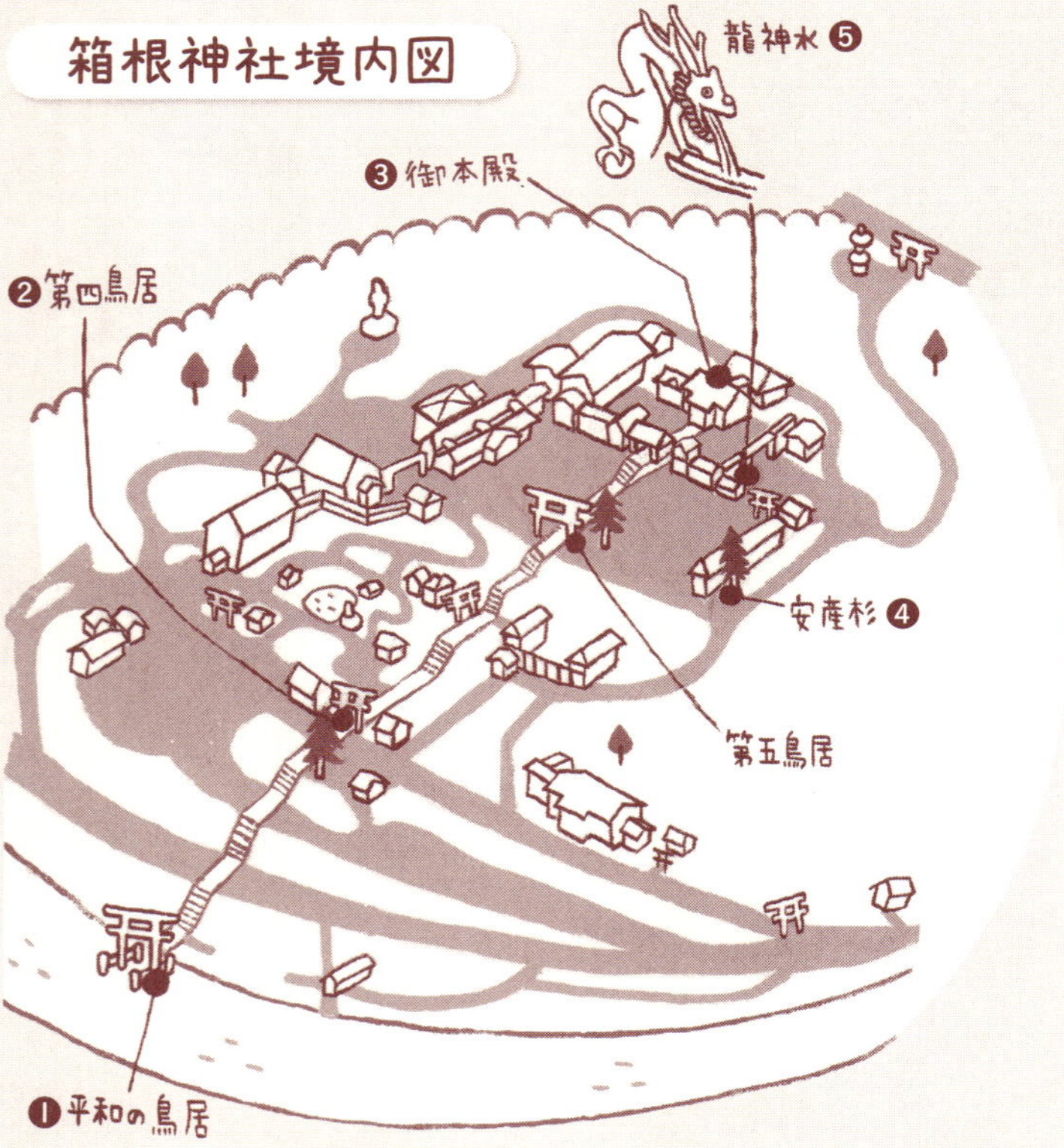

☑得られる運

縁をつくって継続させる運が得られる。結婚相手がいない人は良い人との縁を、相手がいる人は次の段階へ進む運を授けてくれる。

☑こんな人におすすめ

良縁がほしい人、結婚したい人、子どもがほしい人、家庭を円満にしたい人

☑開運スポットはここ！

・第四鳥居：境内には鳥居がいくつもあるが、とく

得られる運　♥恋愛運　♡愛情運　結婚運　出会い運　子宝運　ビューティ運

湖水に浮かぶ「平和の鳥居」。

おすすめの観光スポット
箱根の景色をドライブしながらゆったりと楽しみ、温泉にも立ち寄る。

おみやげ
寄木細工：良好な人間関係を築くアイテム。かわいいデザインの寄木細工があれば、自分用のおみやげにするのもおすすめ。

神奈川県足柄下郡箱根町元箱根80-1
☎0460-83-7123　hakonejinja.or.jp
JR 東海道本線・小田原駅よりバスで1時間、「元箱根」下車、徒歩10分。

❶芦ノ湖の水位が低いときには、平和の鳥居をくぐることができる。
❷第四鳥居は必ずくぐって。
❸本殿左側にある場所に絵馬を結ぶと願いが叶いやすい。
❹安産杉にお参りすると、子宝運や結婚運がアップ。
❺九頭龍神社では、ぜひ龍神水をいただいて。

にパワーが強い。
・ご本殿へ向かう階段脇の大木のあたり：気に入った木のそばで深呼吸すると、気の吸収率が上がる。
・第五鳥居の右側の「安産杉」：子どもがほしい人、家庭がほしい人はお参りして。

☑おすすめ開運行動
・ご本殿で絵馬に願いごとを記す：箱根神社は言霊が届きやすいので、ぜひ。絵馬は本殿に向かって左側へかけると、願いごとが届きやすくなる。
・九頭龍神社の前にある龍神水をいただく。

得られる運　★全体運：道が開ける　出世運　パワー　☆☆☆☆　神奈川県箱根町

箱根元宮《はこねもとつみや》

ご社殿の手前にある「馬降石」。

おすすめの観光スポット
箱根ガラスの森美術館。

おみやげ
熱泥で茹でた真っ黒な「黒玉子」。

神奈川県足柄下郡箱根町元箱根110
☎0460-83-7123（箱根神社）
伊豆箱根鉄道・駒ケ岳ロープウェイ「駒ケ岳頂上駅」より徒歩10分。

箱根神社の奥宮で、「天」の気が降る富士山の絶景スポットです。駒ヶ岳の麓からロープウェイで登れます。

☑得られる運

出世運や土台を固める運気、将来へつながる道が見えるといった運気がある。

☑こんな人におすすめ

自分の道が見えない、迷いがある、パワーが下がっている人

☑開運スポットはここ！

・拝殿に向かって左横、石が点在しているあたりに「天」の気が感じられる。
・しめ縄がかけられた「馬降石《ばこうせき》」：白馬に乗って神様が降臨してきたという白馬伝説があり、強いパワーがある。

☑おすすめ開運行動

・ご社殿の前でご神体山の神山《かみのやま》にお参りをする。
・時折空をながめて「天」の気を吸収する。
・ゆっくりと滞在して、気を吸収する。

関東地方にあるその他のパワースポット

群馬県渋川市 水澤観世音《みずさわかんぜおん》

群馬県渋川市伊香保町水沢214
☎0279-72-3619　www.mizusawakannon.or.jp
JR上越線・高崎駅よりバス「伊香保温泉行き」で1時間、「水澤観音前」下車、徒歩5分。

パワー ☆☆☆

得られる運　金運　前向きになる

☑**得られる運：**前向きで豊かな気持ち、運気に転換してくれる。

☑**開運スポットはここ！**
お地蔵さまが安置されている六角堂

六角堂を回すと○。

☑**おすすめ開運行動：**金運がほしい人は、鐘楼の「大和の鐘」をついてみて。

☑**おすすめのグルメ**
名物の水澤うどん：長いものには縁をつなぐ運気がある。

群馬県富岡市 妙義神社《みょうぎじんじゃ》

群馬県富岡市妙義町妙義6
☎0274-73-2119
JR信越本線・松井田駅よりタクシーで。または上信越道・松井田妙義インターから5分。

パワー ☆☆☆　得られる運　出世運　チャンス

☑**得られる運：**妙義山の上昇の気を受けた場所で、出世運とチャンスを与えてくれる。

☑**開運スポットはここ！**
鳥居の手前の階段と、右脇から本殿に向かう道あたり

☑**気をつけたいこと：**パワースポットとしての潜在能力は非常に高いものの、今はこの土地の龍が眠りについている時期。最大限に運気を得るためには、午後2時までに参拝して。

☑**おすすめの観光スポット：**軽井沢に立ち寄るのもおすすめ。

栃木県日光市 日光二荒山神社中宮祠《にっこうふたらさんじんじゃちゅうぐうし》

パワー ☆☆

得られる運　変化運

栃木県日光市中宮祠2484　☎0288-55-0017　www.futarasan.jp
JR日光線・日光駅または東武線・東武日光駅よりバスで55分、「二荒山神社中宮祠」下車。

☑**得られる運：**日光二荒山神社本社と、男体山の山頂にある奥宮との間に位置し、「昇っていく」「向かっていく」という性質の気がある。その人がもともともっている運気の質を変え、人生に変化を起こす運がもらえる。

☑**こんな人におすすめ：**自分を変えたい人、人生を転換させたい人

栃木県宇都宮市

宇都宮《うつのみや》二荒山《ふたあらやま》神社《じんじゃ》

栃木県宇都宮市馬場通り1-1-1
☎028-622-5271
東武線・東武宇都宮駅より徒歩10分。

パワー ☆☆　得られる運 ♡愛情運　…男性・女性らしさ

☑**得られる運：**女性は女性らしく、男性は男性らしくなれる運をもらえる。リラックス効果もある。近くを流れる鬼怒川は悪い気を流してくれる。

☑**開運スポットはここ！**
拝殿の前や拝殿に向かって左手の木

☑**おすすめ開運行動：**「明神の井」の清らかな水を味わうと、運気を効率よく取り込める。

栃木県日光市

中禅寺《ちゅうぜんじ》立木《たちき》観音《かんのん》

栃木県日光市中宮祠2578
☎0288-55-0013
JR 日光線・日光駅または東武線・東武日光駅よりバスで50分、「中禅寺温泉」下車、徒歩20分。

パワー ☆☆
得られる運 ♥恋愛運　♡愛情運　✚健康・長命運　✦ビューティ運　出会い運　金運

☑**得られる運：**恋愛運、金運、家庭の平穏、容姿、健康など、現実的な願いごとを叶えてくれる。強大なパワーではないが、良い気がじっくりと体に染み込んで、運を豊かにしてくれる。

☑**おすすめ開運行動：**愛染明王がまつられる「愛染堂」に赤い旗を奉納して祈願すると、良縁を結んでもらえる。

愛染堂では、旗を奉納することができる。

千葉県長生郡

玉前《たまさき》神社《じんじゃ》

千葉県長生郡一宮町一宮3048
☎0475-42-2711　www.tamasaki.org
JR 外房線・上総一ノ宮駅より徒歩10分。

パワー ☆☆　得られる運 ♥恋愛運　結婚運　出会い運　✦ビューティ運

☑**得られる運：**縁に関する運が強い。パワー自体は強くないが、体感度が高く、気の吸収がいいスポット。

☑**こんな人におすすめ：**恋人がほしい人、結婚したい人

☑**おすすめ開運行動：**素足になれるエリアでは、裸足で歩くと運気がアップ。

埼玉県日高市 高麗神社《こまじんじゃ》

パワー ☆☆☆ 得られる運 出世運 成功運

埼玉県日高市新堀833
042-989-1403 www.komajinja.or.jp
JR八高線・高麗川駅よりタクシーで5分、または徒歩20分。

☑**得られる運：**自分が身を置く世界でトップになるほどの出世運を与えてくれる。

☑**開運スポットはここ！**
参道の２匹の狛犬の間あたり：とくにパワーが強いので、ゆっくり深呼吸して運気を吸収。

☑**運気が上がるお守り**
花をモチーフにした、「幸せ鈴御守」：自分や友だちへのおみやげにおすすめ。

神奈川県藤沢市 江島神社《えのしまじんじゃ》

パワー ☆☆ 得られる運 変化運 浄化 喜びごと

神奈川県藤沢市江の島2-3-8
0466-22-4020
www.enoshimajinja.or.jp
小田急線・片瀬江の島駅または江ノ島電鉄・江ノ島駅より徒歩15分。

☑**得られる運：**海流や島から生まれたパワースポット。悪縁を断ち切り、人生に楽しみごとを与えてくれる。

☑**開運スポットはここ！**
奥津宮と龍宮：最も強いパワーが感じられる。参拝は午後2時ごろまでに済ませるとよい。

神奈川県伊勢原市 大山阿夫利神社《おおやまあふりじんじゃ》 下社《しもしゃ》

パワー ☆☆☆ 得られる運 変化運 道が開ける

☑**得られる運：**弱い自分からの脱出に力を与え、これから進むべき道を示してくれる。

☑**気をつけたいこと：**猛々しく厳しい気をもつスポット。境内に入るまでは気が冷たく、息苦しさを覚える人も。でも、中へ入るとふわっとしたやさしい気に一変するので安心を。

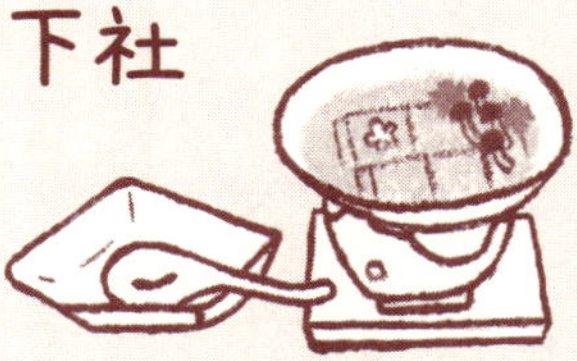

大山豆腐は、大山のおいしい水でつくられた名物。

神奈川県伊勢原市大山355
0463-95-2006 www.afuri.or.jp
小田急線・伊勢原駅よりバスで30分、終点下車、徒歩15分、大山ケーブルで終点下車。

Power Spot Column 2

ご朱印とパワースポット

最近はご朱印を集めるために神社を訪れる方も多いようです。

ご朱印をいただくことは、その土地からの言霊を受け取ることになりますので、とくにパワースポットでいただいてくるのは運気的にもたいへん効果的だと思います。

ご朱印をいただくためのご朱印帳は、できるだけ自分が気に入ったデザインのものを選んだり、自分がほしい運をもつ方位や場所などで購入するのがおすすめです。最近では、さまざまなデザインのご朱印帳があるようですので、「ご朱印帳だから和風でないといけない」などの固定観念は捨ててくださいね。あくまでも自分が「気に入ったもの」が運気を与えてくれるものになります。

運のために使用するものは、他の何よりも「好きなもの」を選ぶ必要があるんですよ。ご朱印集めをなさる場合は、まずは自分のお気に入りのご朱印帳を探すことから始めてくださいね。

ただ、注意をしなくてはならないことがあります。

それは、パワースポットを訪れる目的がご朱印集めのためになってしまうこと。

ご朱印集めはスタンプラリーではありません。

たくさんのご朱印を集めたから運気がもらえるわけではありませんので、そこはしっかりと意識してください。

逆に、ご朱印をいただけなかったから土地の気がもらえなかったのではないかと不安になる方もいるようですが、それは大きな間違いです。

ご朱印はあくまでもプラスαの力。それ自体が運気をもたらすものではありません。

ご朱印集めに奔走するよりも、できるだけその土地でゆっくりと過ごして、大地の気をいただいてくることが大切なのです。

そのことをしっかりと心にとめて、ご朱印集めを楽しんでくださいね。

第4章
中部地方

パワー ★★★★★ 長野県長野市

戸《と》隠《がくし》神《じん》社《じゃ》

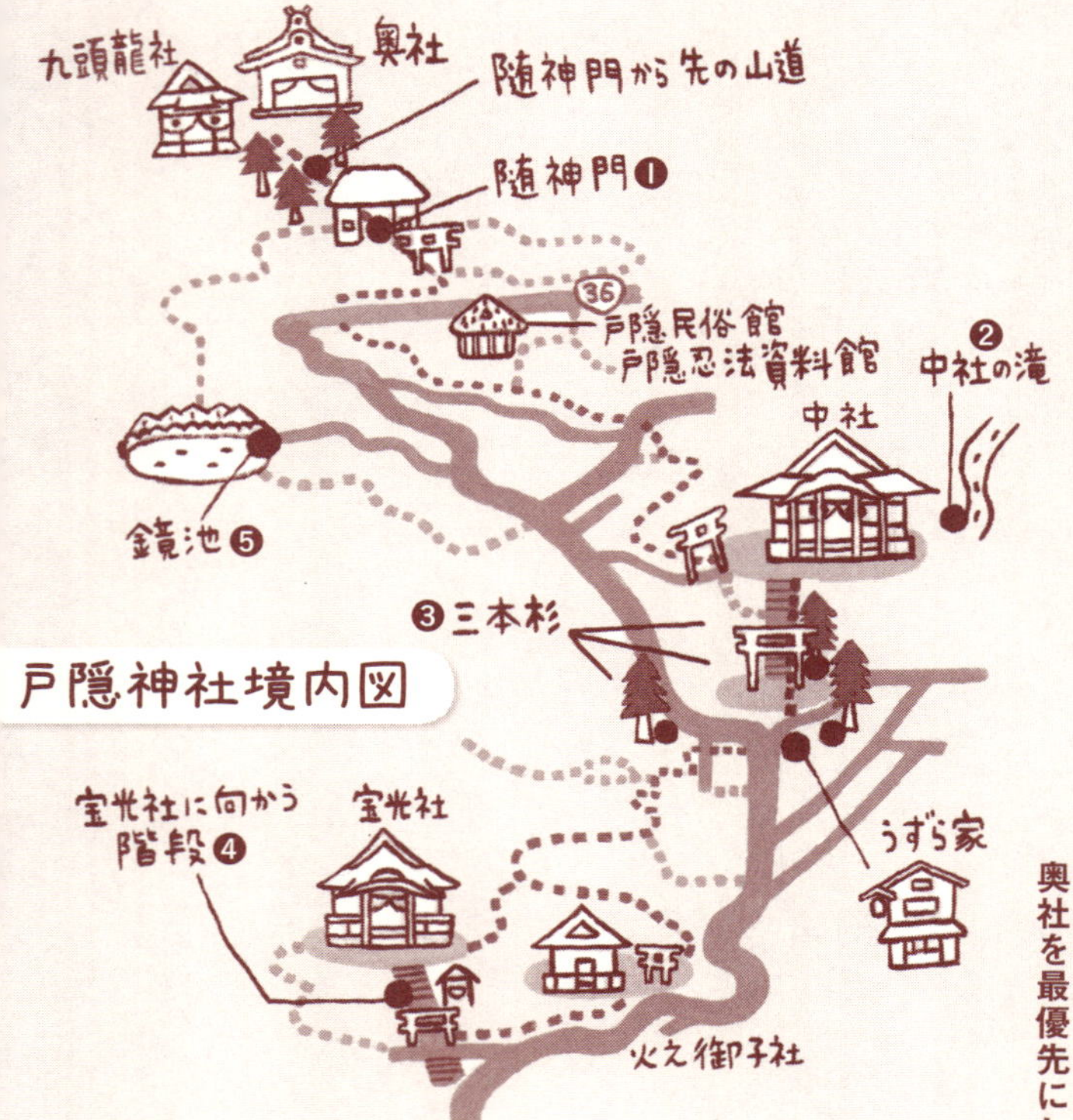

自分の中に眠る運を残らず活性化してくれるスペシャルスポット。パワーの強さでは日本屈指です。戸隠神社は五社からなり、すべてをまわると一日がかりになることも。五社全部をまわれなければ、奥社を最優先にしてください。

☑得られる運

自分を変化・発展させ、ステージを土台から引き上げてくれる運気がもらえる。

☑こんな人におすすめ

いろいろな意味で運を根底から強くし、パワーを得たい人

☑開運スポットはここ！

・宝光社の本殿に向かう階段：この土地の「水」の気がたまっている。しっかりとした足取りで階段

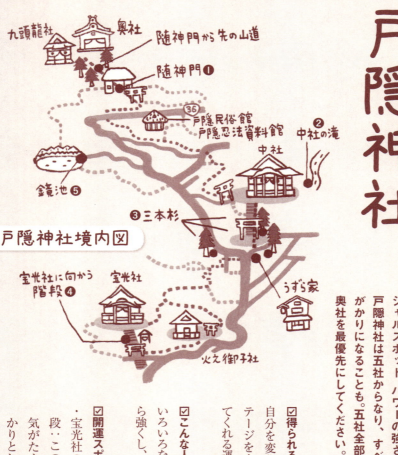

得られる運 ★全体運：運気底上げ／ステージアップ 変化運 発展運

奥社手水舎から戸隠連峰をながめることで、強い生気を吸収できる。

❶随神門から先の参道には、天の気が流れている。
❷中社の滝をながめて。
❸三本杉と、「うずら家」というおそば屋さんの横に生えている大木にパワーがある。
❹宝光社に向かう石段にも良い気が。
❺奥社でいただいた気の吸収率が格段にアップ。

を上り、気を吸収して。

・中社鳥居前のそば処「うずら家」の横に生えている「三本杉」：中社はおだやかな「土」の気が強いエリア。「うずら家」2階窓際の席で食事を。窓から見える三本杉の大木から良い気が上がってきている。

・奥社の参道と随神門から先のエリア：随神門を抜けると、まるで違うステージに足を踏み入れたかのような、湧き上がる気が感じられる。

☑おすすめ開運行動

・奥社での滞在時間を長くとる：五社全部をまわれなくても、奥社だけは必ず訪れて。

・奥社随神門までの長い参道をゆるやかなS字を描きながら歩く：気を効率よく吸収できる。

・奥社の手水舎から戸隠の山をながめる。

・奥社参拝後、鏡池へ行き、池の水を見る。

おすすめのグルメ
そばソフト：悪運がリセットできる。

長野県長野市戸隠3506
☎026-254-2001
www.togakushi-jinja.jp
JR長野駅よりバスで1時間、「宝光社宮前」下車。

パワー ☆☆☆☆☆　長野県松本市

明神池《みょうじんいけ》

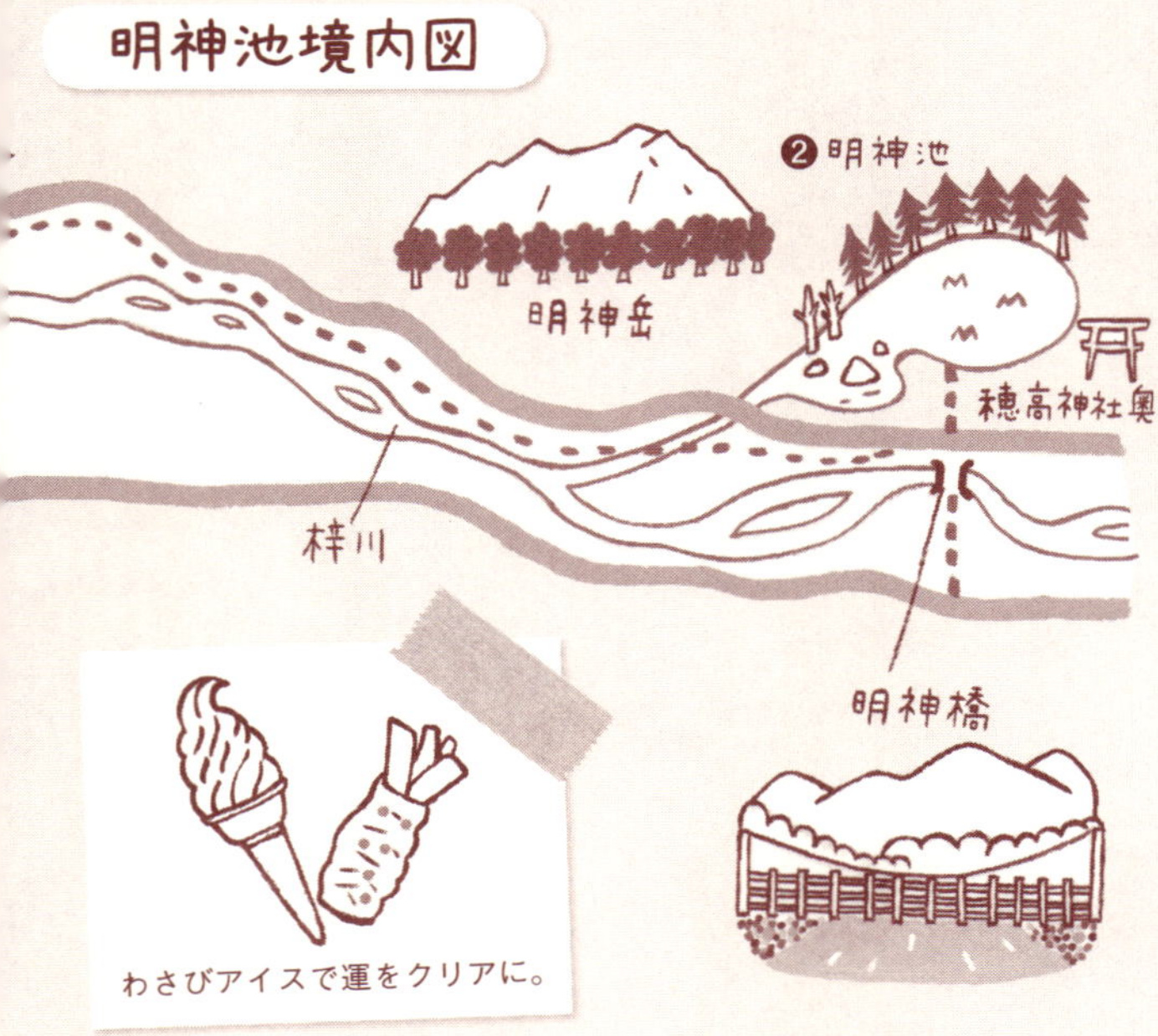

わさびアイスで運をクリアに。

北アルプスの山々の生気がとけ込んだ池です。明神池は異なるパワーをもった２つの池の総称で、一の池と二の池がひょうたん形につながった形をしています。

☑得られる運

・一の池：女性的なパワーがあり、恋愛・愛情運が豊か。
・二の池：男性的なパワーがあり、金運や仕事運がもらえる。

☑こんな人におすすめ

ベースから運を変えたい人、恋愛・愛情運がほしい人、仕事・金運がほしい人

☑開運スポットはここ！

・明神池の周囲
・河童橋《かっぱばし》から明神池に向かう木道沿い

得られる運 ♥恋愛運 ♡愛情運 金運 仕事運 浄化

河童橋から焼岳をながめて。

❶河童橋から明神池に向かう木道沿いがラッキー。
❷明神池は、一の池と二の池がひょうたん形に連なっている。

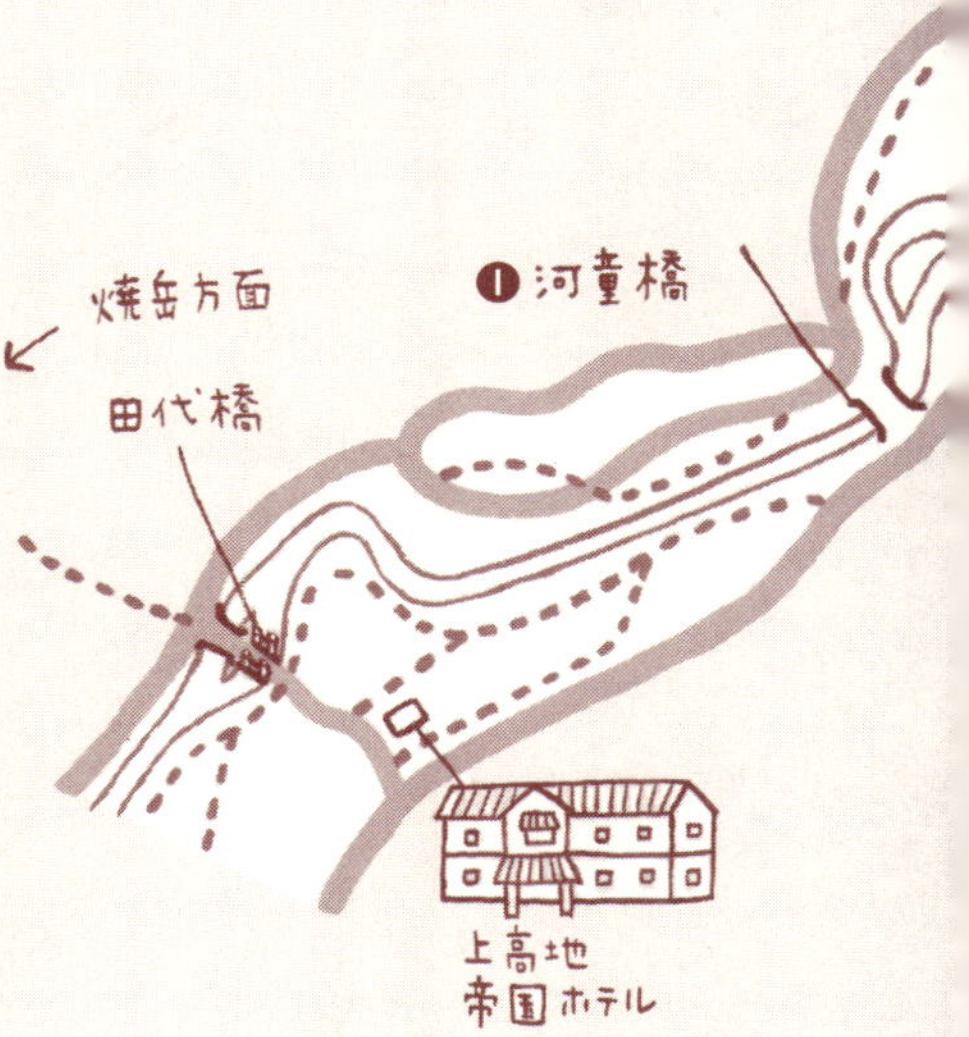

おすすめのグルメ
わさびアイス：浄化の運気がある。おいしく食べて運気の滞りを浄化したあとに、明神池へ向かうのもおすすめ。

長野県松本市安曇上高地明神池
☎0263-95-2430（穂高神社奥宮）
www.kamikochi.or.jp
松本電鉄・新島々駅よりバスで1時間10分、「上高地」下車、徒歩1時間。穂高奥宮明神池（拝観料：大人300円）。

☑おすすめ開運行動

・梓川《あずさがわ》沿いの木道を明神池へ向かって歩く：梓川にとけ込んだ山々のパワーを吸収できる。河童橋の周辺には、悪いものを流す浄化のパワーが。
・二の池のほとりに突き出した岩に腰かけ、ゆったりした気持ちで池をながめる：気の吸収率がアップ。
・近くの温泉宿に泊まって、朝一番の人が少ない時間帯に上高地を散歩する：清浄で強いパワーを吸収。

☑気をつけたいこと

池の周りでは足をバシャバシャと水につけたり、石を投げ込むなどの失礼な振る舞いをしない。土地の気は失礼な人には運を与えてくれないので、心して行動すること。

得られる運 ★全体運　パワー ☆☆☆

長野県諏訪市・茅野市・諏訪郡下諏訪町

諏訪大社《すわたいしゃ》

御柱の年にのみ授与される、御柱でつくったお守りがある。

それぞれの境内の四隅には「御柱」が立っている。御柱祭では山からモミの巨木を切り出して人力のみで引っ張り、四社それぞれの社殿の四隅に建てる。

上社本宮（かみしゃほんみや）
長野県諏訪市中洲宮山1
☎0266-52-1919
JR 中央本線・茅野駅より車で10分。

上社前宮（かみしゃまえみや）
長野県茅野市宮川2030
☎0266-72-1606
JR 中央本線・茅野駅より車で5分。

下社春宮（しもしゃはるみや）
長野県諏訪郡下諏訪町大門193
☎0266-27-8316
JR 中央本線・下諏訪駅より徒歩15分。

下社秋宮（しもしゃあきみや）
長野県諏訪郡下諏訪町上久保5828
☎0266-27-8035
JR 中央本線・下諏訪駅より徒歩10分。

7年に一度、寅と申の年に行われる奇祭・御柱祭で知られる神社。上社と下社に分かれ、さらに上社は前宮と本宮、下社は秋宮と春宮に分かれています。

☑得られる運

四社を訪れることで、すべての運気を吸収できる。

・上社前宮：行動力や物事の活性運。
・上社本宮：安定や平穏の運気。
・下社春宮：安定運、安泰運。
・下社秋宮：成長運や発展運、財運。

☑こんな人におすすめ

四社すべてに違う運気があるので、すべての人に

☑運気が上がるお守り

御柱を使ったお守り

得られる運 ↩浄化 …心を光で満たす パワー ☆☆☆☆ 長野県諏訪郡下諏訪町

万《まん》治《じ》の石《せき》仏《ぶつ》

諏訪大社・下社春宮近くにある万治の石仏は、やさしい気に満ちている。

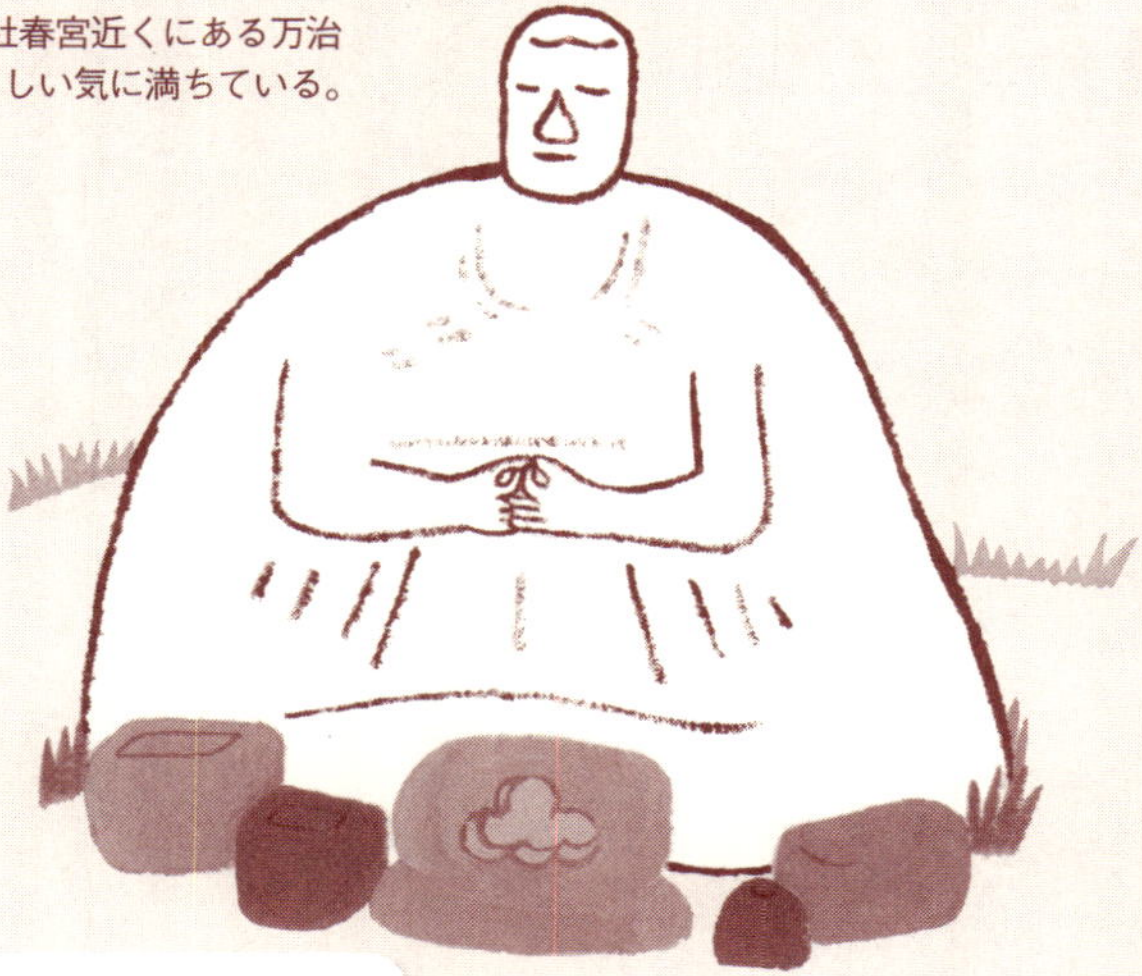

おみやげ
「ＳＵＷＡガラスの里」のミュージアムショップでお気に入りのガラス製品を。

長野県諏訪郡下諏訪町
JR 下諏訪駅より徒歩25分。

諏訪大社・下社春宮近く、砥川沿いの田園にたたずむ万治の石仏は、お椀のような胴体と、朴訥とした表情が愛らしい石仏です。

☑得られる運

やわらかい光にあふれ、心を光で満たすパワーを与えてくれる。浄化の運気も。

☑こんな人におすすめ

心を落ち着かせたい人、豊かな気持ちになりたい人、心にマイナスのある人

☑おすすめ開運行動

・温泉めぐり：旧宿場町の温泉宿に泊まるもよし、80年以上の歴史がある諏訪湖畔の日帰り天然温泉施設「片倉館」に行くもよし。

・湖畔の散策や美術館めぐりをする。

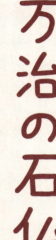

白山比咩神社《しらやまひめじんじゃ》

白山比咩神社境内図

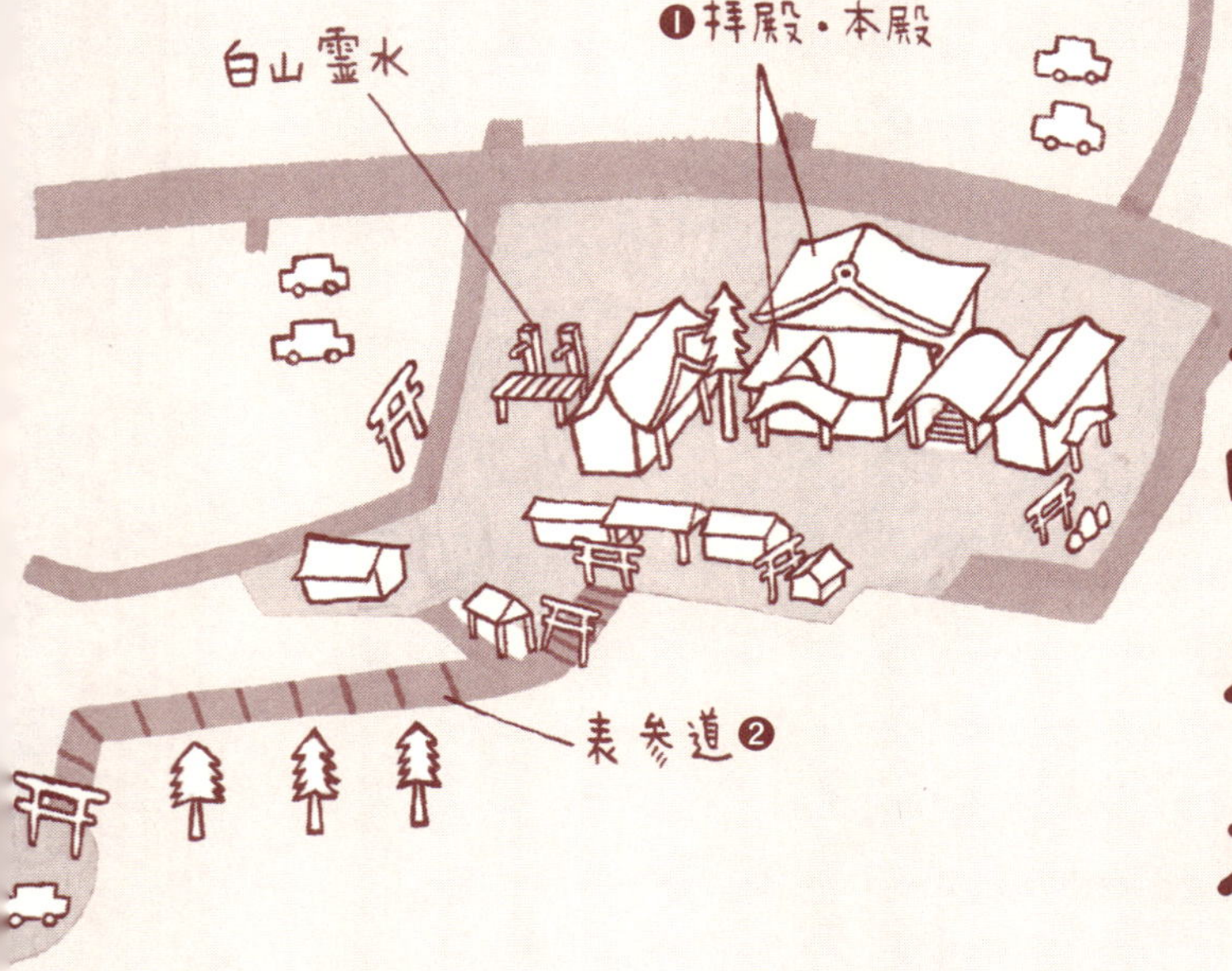

今、ここの土地は生気がパワーアップする周期に入っています。訪れる人に揺るぎのない強さと品格を与え、人間としての器を大きくしてくれます。

☑得られる運

人間としての強さと品格を与え、財運や玉の輿、ステイタスを上げる運気も授けてくれる。

☑開運スポットはここ！

・表参道の階段：階段を上がっていくにつれて、下半身がお湯につかっているような温かさを感じるはず。階段を上るにつれ、大地の温かい気を取り込むことができる。

・本殿前：表参道同様、温かい気が流れている。

・本殿脇の建物：ピリピリと感じるく

得られる運 ★全体運 出世運 ♥恋愛運 金運 …玉の輿運／器が広がる

白山のふもとは良水で知られ、地元には「菊姫」という名酒がある。お酒が飲める人はぜひ、いただいてみて。

境内に湧くご神水「白山霊泉」をいただいて。

❶本殿前にも、温かくてやわらかい気がある。
❷階段を上るにつれて、大地の温かい気を体内に取り込むことができる。

らいの強い気がある。

☑こんな人におすすめ

これからパワースポットめぐりを始める人：人の器を広げてくれるパワーもあるので、最初にここを訪れて自分の器を広げておくことで、気が入る容量が増え、どこへ行ってもたっぷりと良い気をいただくことができる。

おみやげ
地酒：「菊姫」をはじめとした銘酒がいっぱい。日本酒には充実、浄化の運気がある。

石川県白山市三宮町2-105-1
☎076-272-0680 www.shirayama.or.jp
北陸鉄道・鶴来駅よりバスで10分、「加賀一の宮」下車、徒歩10分。

得られる運　浄化　変化運　願いが叶う　パワー　☆☆☆☆☆　福井県小浜市

若《わか》狭《さ》彦《ひこ》神《じん》社《じゃ》

社殿の前に、台風で壊れた旧社殿跡がある。

おみやげ

めのうのストラップやアクセサリー：若狭はめのうの産地。パワースポットの土地の気をもった天然石を買うことは幸運を呼ぶので、お気に入りのめのうを見つけたらぜひ購入して。

おすすめのグルメ

- 鯖をぬか漬けにした「へしこ」や名物「なれ寿司」：発酵した食べ物にはベースを固める運気がある。
- 越前がになど新鮮な海の幸。

福井県小浜市龍前28－7
☎0770-56-1116
JR 小浜線・東小浜駅より徒歩30分。

清浄でけがれのない素晴らしいパワースポットです。天界とも地上とも違う、「中間層」とでも表現すべき不思議な気が流れています。

☑得られる運

強力な浄化作用があり、もっている運をガラリと入れかえてくれる。自分のベースを上げ、願いを叶える運も。

☑こんな人におすすめ

気を入れかえたい人、自分自身をリニューアルしたい人

☑開運スポットはここ！

参道中ほど、鳥居がわりの2本の大杉にとくに強いパワーが！

☑おすすめ開運行動

ゆっくり深呼吸して気を取り入れて。

得られる運　★全体運：運気底上げ／前へ進む力　パワー　☆☆☆☆☆　福井県小浜市

若《わか》狭《さ》姫《ひめ》神《じん》社《じゃ》

社殿を飲み込まんばかりの勢いで生えている、迫力満点の千年杉が出迎えてくれる。

おすすめの観光スポット
芦原温泉、越前くりや温泉、越前玉川温泉。

福井県小浜市遠敷65-41
☎0770-56-1116
JR小浜線・東小浜駅より徒歩10分。

若狭彦神社からほど近い距離にありますが、パワーの性質はまったく異なり、地から噴き上がってくるような、強い生気がある場所。鳥居をくぐってから随神門まではきつく険しい気が感じられますが、門を入るとふっと軽くなり、温かい気を感じるようになります。

☑得られる運
もっている運のすべてをアップし、前へ進む力をくれる。

☑こんな人におすすめ
ベースの力を上げてくれるので、どなたでも

☑開運スポットはここ！
千年杉：土地の強い生気が集まっている。

☑おすすめ開運行動
・社殿の近くから千年杉を見上げる。
・お参りした帰りに境内の入り口の「見返り鳥居」から千年杉を振り返って見上げる：幸運に恵まれるという言い伝えがあり、さらにパワーが吸収できる。

パワー ☆☆☆☆ 　静岡県熱海市

来宮神社《きのみやじんじゃ》

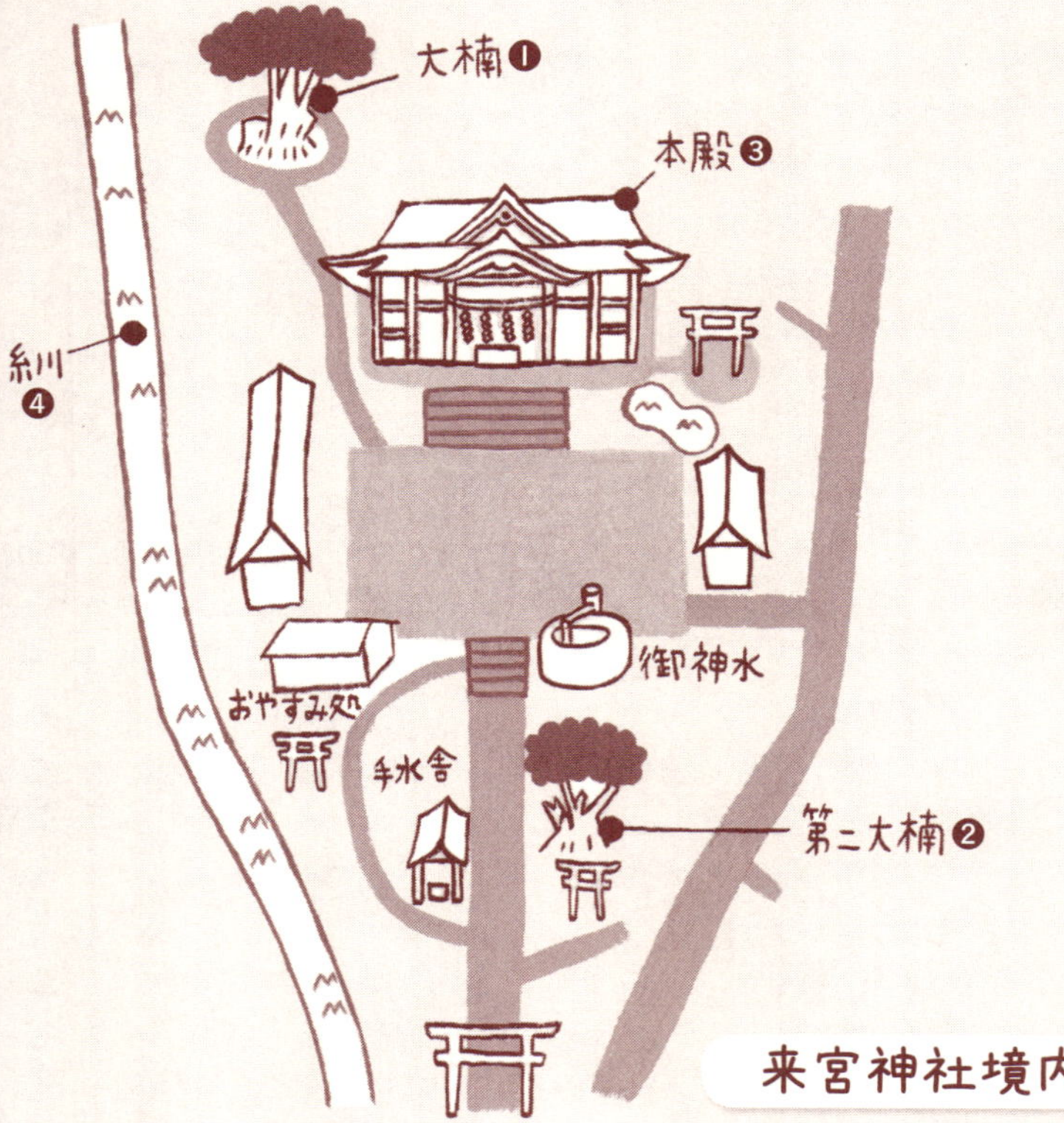

来宮神社境内図

とても小さな神社ですが、山の気と「水」の気の両方をあわせもつ強いパワースポット。迷いの中から道を示し、願いごとを叶えてくれます。

☑得られる運

「水」の気がもたらす恋愛運や金運、健康運、ビューティ運が得られる。秘めた願いごとを1つ叶えてくれる。道を示す力も。

☑こんな人におすすめ

自分の望みを確かめたい人、迷いの中から道を見つけたい人

☑開運スポットはここ!

参道の「第二大楠」と、本殿

に向かって左奥の「大楠」

☑おすすめ開運行動

・大楠の前で願いごとを心の中で伝えたあと、少し離れて木をながめて。

・お水取り、お砂取りをする。

☑運気が上がるお守り

・むし除守：悪い虫を除けると言われるクスノキの葉にちなんだお守り。

・縁結び守：ピンクとブルーのかわいいリボン形。

❶大楠にお願いごとをしてから、少し離れて木をながめて。
❷参道にある第二大楠にもパワーが。
❸本殿でお参りを。
❹本殿脇を流れる糸川が、悪運をすべて流してくれる。

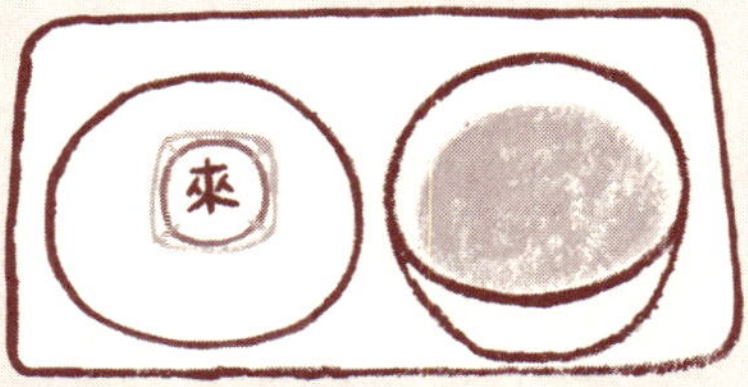

麦こがし入り生地であんを包んだ「こがしまんじゅう」は、口の中でふわっととけるおいしさが○。ちょこんとのったくるみも愛らしい。

ご神木クスノキにちなんだ「大楠むし除守」。浮気虫やとばく虫にも効くという売り文句がほほえましい。

社務所でご神砂「星雲神砂」をいただいて。

おすすめの観光スポット

温泉：熱海は海もあり、水がとても良いところ。多くの旅館やホテルで、日帰り入浴や部屋休憩ができるプランが用意されている。

おみやげ

「こがしまんじゅう」：来宮神社に伝わる伝説にちなんだ和菓子。

静岡県熱海市西山町43-1
☎0557-82-2241
www.kinomiya.or.jp
JR 熱海駅より徒歩20分。

パワー ☆☆☆☆ 静岡県富士宮市

富士山本宮浅間大社境内図

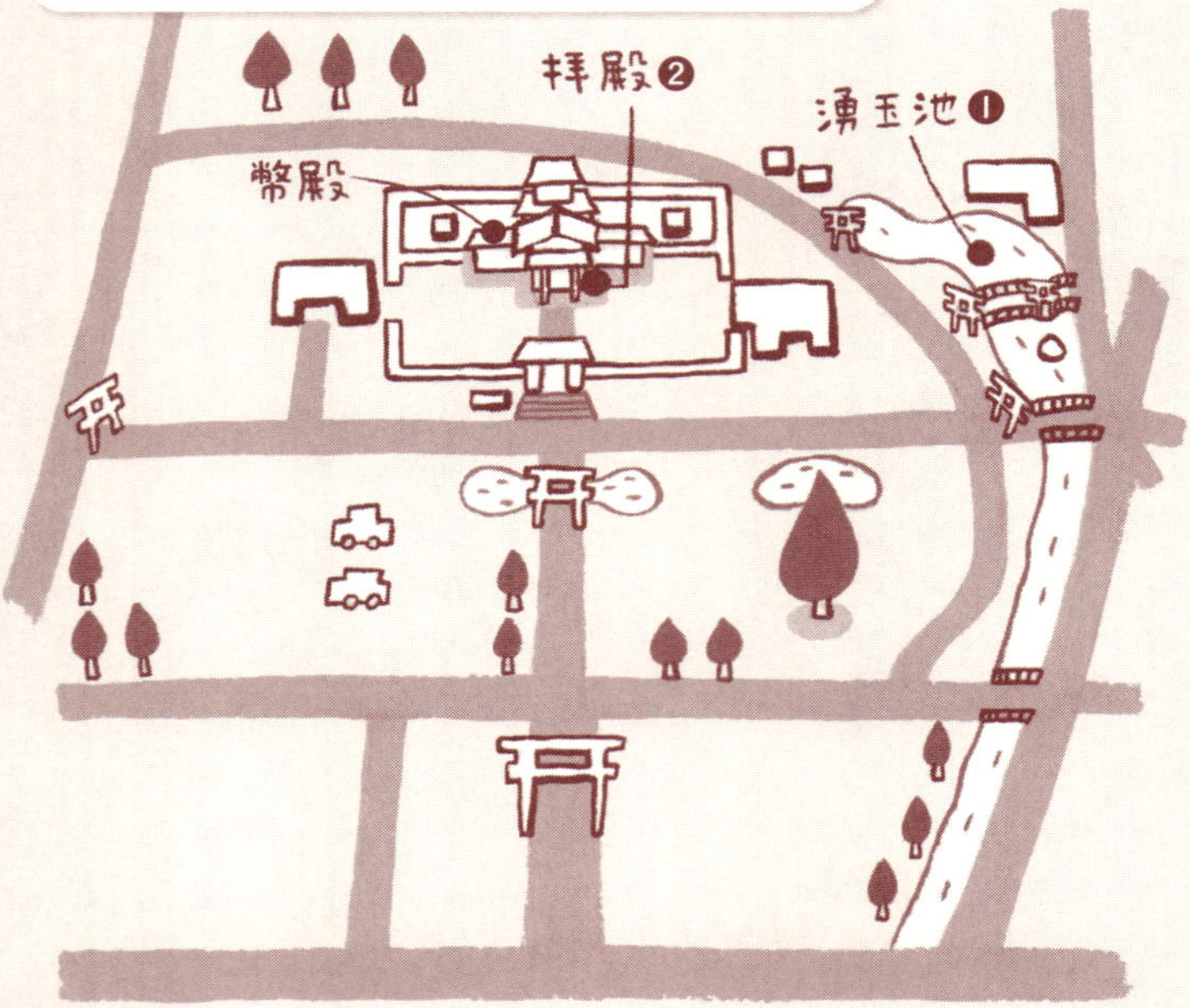

富士山本宮浅間大社《ふじさんほんぐうせんげんたいしゃ》

霊峰、富士山はたいへん強大なパワーをもつ山で、気を八方に流しています。浅間大社はその気を受けるパワースポットのひとつです。

☑得られる運

富士山の「陽」の気を受け止め、やさしい気に変換している。愛情運や金運、美しさ、おだやかに暮らす運などをもたらしてくれる。

☑こんな人におすすめ

愛する人と平穏に暮らしたい人、愛や豊かさがほしい人

☑開運スポットはここ！

・幣殿と拝殿の間
・「湧玉池《わくたまいけ》」：訪れた人との相性次第なので、合わないと感じたら引き返す

得られる運　♥恋愛運　♡愛情運　✦ビューティ運　金運　心の平穏

神社から富士山が見える。

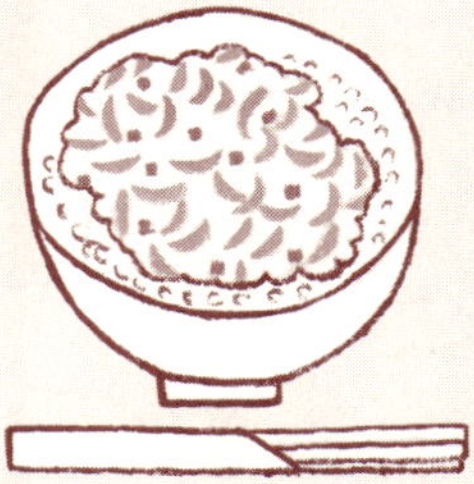

駿河湾名物、桜えびのかき揚げ丼は、春と秋が旬。

おすすめのグルメ
桜えびのかき揚げ丼：桜えびには、喜びと楽しみを与えてくれる運、ビューティ運がある。

静岡県富士宮市宮町1-1
☎0544-27-2002
www.fuji-hongu.or.jp
JR 身延線・富士宮駅より徒歩10分。

❶湧玉池を見てラッキーな感じがしたら、池の近くに行ってみて。
❷幣殿と拝殿の間がパワースポット。

こと。リラックスの運気はもらえる。

☑おすすめ開運行動

富士山の多彩な表情を楽しむ：富士山はいろいろな表情と気をもつ山で、ながめたときの姿によって、もらえるパワーも異なる。夕日に照らされた赤富士は人に生気を与えてくれる風景。夜空の星と富士山を一緒に見ると、体や運を浄化してくれる。山の気を120%もらって。

☑気をつけたいこと

ここの気は気まぐれで、訪れた人との相性が問われる。相性の合う人は強大な運を得ることができるため、気が合うと感じたら、何度も通うのがおすすめ。土地の気に好かれれば、より多くの気を与えてもらえる。

パワー ☆☆☆☆ 静岡県静岡市

久能山東照宮《くのうざんとうしょうぐう》

久能山東照宮境内図

❶御廟所がパワースポット。

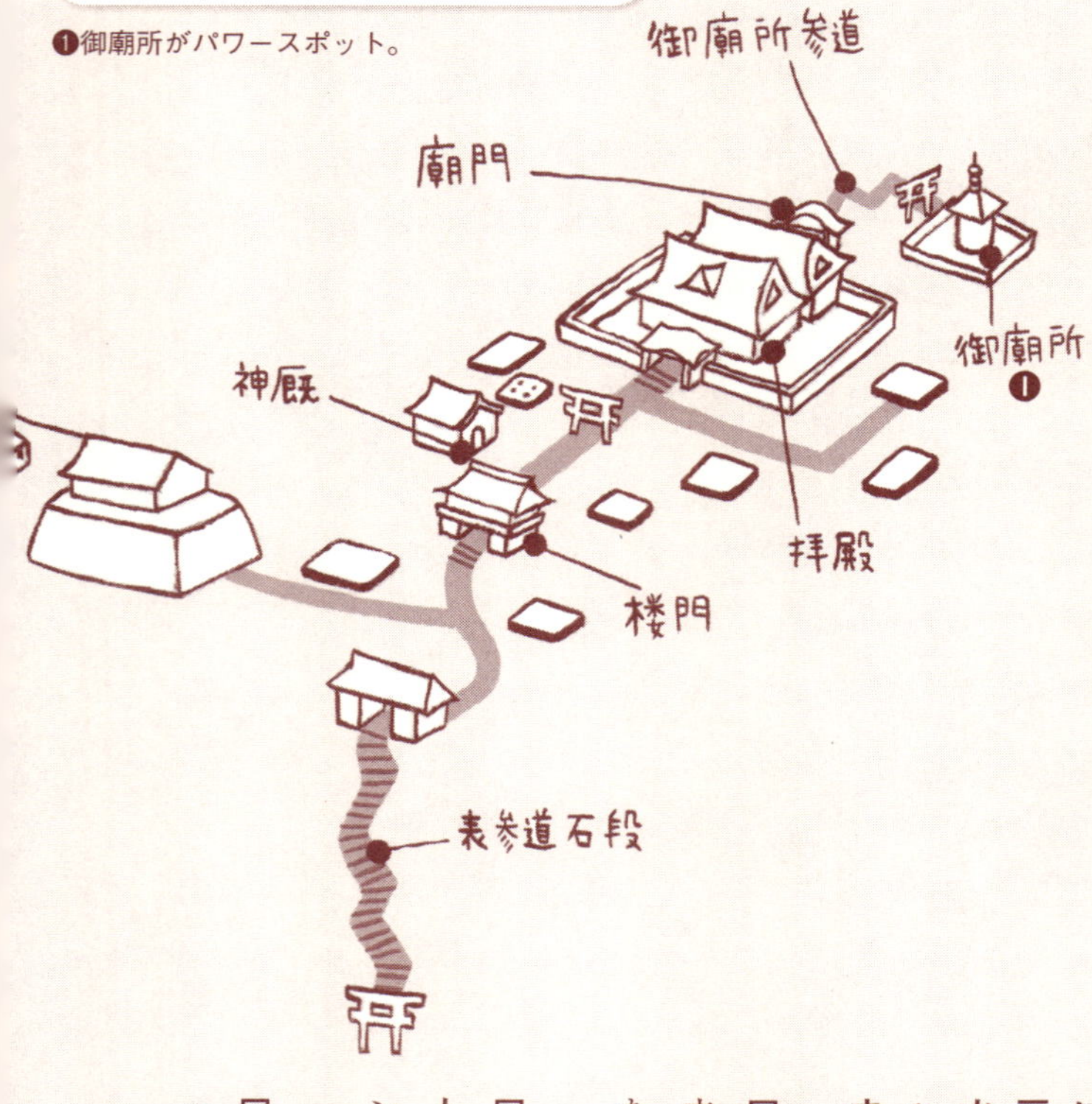

国宝の久能山東照宮は、徳川家康公が遺言で自らの墓所に指定した場所。駿河湾に向かって走った龍がまた戻ってくる「昇竜型」の風水地形をもっており、たいへんパワーの強い土地です。

☑得られる運

立身出世や勝負運、英雄を生むパワーを与えてくれる。

☑こんな人におすすめ

人生に変化がほしい人、チャンスがほしい人

☑開運スポットはここ！

・表参道石段：山下鳥居から社殿まで1159段。気の通り道になっている。

得られる運　出世運　！チャンス　…勝負運／ステージアップ

表参道から、駿河湾が見える。

左甚五郎作の馬の像がある神厩。拝殿にはひょうたんをもった男性の彫刻もあり、ひょうたんから出た駒（馬）のストーリーが展開されている。

おすすめのグルメ
久能山いちご：12～5月頃にはいちご狩りもできる。

おすすめの観光スポット
日本平：日本平には自分のベースに変化を引き起こす力がある。時間があれば東照宮に隣接する乗り場から日本平ロープウェイに乗り、山頂まで行ってみて。

静岡県静岡市駿河区根古屋390
☎054-237-2438　www.toshogu.or.jp
JR静岡駅よりバスで40分、「久能山下」下車、徒歩15分。

・左甚五郎の作と言われる白馬の彫刻像が納められた「神厩《しんきゅう》」
・徳川家康公をまつった御廟所

☑おすすめ開運行動
表参道石段を上る：1159段もあるので、歩きやすい靴と服装はマストアイテム。途中で駿河湾をながめると、気の吸収率がアップする。

山梨県甲府市 金櫻神社《かなざくらじんじゃ》

パワー ☆☆ 得られる運 金運

山梨県甲府市御岳町2347
055-287-2011
JR 甲府駅よりバスで50分、「金櫻神社」下車。

☑**得られる運：**強い金運を与えてくれるスポット。桜が咲く時期がとくにおすすめ。

☑**おすすめ開運行動**
桜をながめながら本殿に続く石段をゆっくり上る：境内のご神木、ウコンの桜は、花弁が黄緑色をおびた珍しい品種。４月下旬の開花時期に土地の「金」の気がアップするので、金運がほしい人はぜひタイミングを合わせて訪れて。

☑**運気が上がるお守り**
水晶守：山梨県は水晶の産地だったことから、金運厄除けとして。

長野県安曇野市 穂高神社本宮《ほたかじんじゃほんぐう》

パワー ☆☆☆ 得られる運 金運 商売運 喜びごと

長野県安曇野市穂高6079
0263-82-2003
www.hotakajinja.com
JR 大糸駅・穂高駅より徒歩3分。

☑**得られる運：**商売繁盛、現金収入アップの運気や、楽しみごとを与えてくれる。かつて日本海側との交易で栄えたこの土地がもっているパワーにはとくに商売運がある。

☑**開運スポットはここ！**
・拝殿前：「金」の気がたまっているので、ゆっくり深呼吸をして気を吸収して。
・孝養杉

静岡県熱海市 伊豆山神社《いずさんじんじゃ》

パワー ☆☆ 得られる運 恋愛運 出会い運 ステージアップ／土台形成／達成運

静岡県熱海市伊豆山上野地708-1
0557-80-3164
JR 熱海駅よりバスで約７分、「伊豆山神社」下車。

☑**得られる運：**人生の次の段階へとつながる縁結びのパワー、目標達成へ向かうパワーを与えてくれる。

☑**おすすめ開運行動**
・背後の岩戸山に意識を向ける：良い運気をいただける。
・午前中の早い時間に訪れる：気の吸収率がいっそう高まる。

静岡県三島市 三嶋大社《みしまたいしゃ》

静岡県三島市大宮町2-1-5
☎055-975-0172　www.mishimataisha.or.jp
JR三島駅より徒歩10分。

パワー ☆☆☆

得られる運　仕事運　願いが叶う　安定・安泰運／長い間努力してきたことの成果／土台形成

☑**得られる運：**ビジネス運、安定・安泰運や、長い間努力してきたことの成果を与えてくれる。

☑**こんな人におすすめ**

・仕事や暮らしを安定させたい人
・長く努力しているのに結果が出ない人：自分の土台をしっかりと固め、現実的な願いを叶えてくれる。

☑**開運スポットはここ！**

本殿の手前10m付近：最もパワーが強い。気がゆるやかに流れているので、いつもよりゆっくりと歩くことが運気アップのポイント。

愛知県一宮市 真清田神社《ますみだじんじゃ》

愛知県一宮市真清田1-2-1
☎0586-73-5196　www.masumida.or.jp
名鉄・一宮駅またはJR尾張一宮駅より徒歩8分。

パワー ☆☆☆

得られる運　★全体運　出世運　願いが叶う

☑**得られる運：**尾張国の一之宮として2600余年の歴史をもつ真清田神社は、地位、向上、出世などのパワーが強く、物事が良い方向へ向かうのを助け、現実に即した願いごとを叶えてくれる。

☑**開運スポットはここ！**

本殿前、服織神社や参集殿に向かうゾーン、服織神社近くの楠周辺

☑**おすすめ開運行動：**神水舎で霊水をいただく。

真清田神社の神水舎でいただける霊水はおすすめ。

福井県吉田郡 永平寺《えいへいじ》

パワー ☆☆☆ 得られる運 浄化

☑得られる運：〝消しゴム〟のような場所で、細かい悪運を消してくれる。心に固まっているしこりをとり除いてくれる。

☑こんな人におすすめ
やり直したいことがある人、ずっと心にためていたことがある人

☑開運スポットはここ！
勅使門の前と山門のあたり：とくに強いパワーがある。

☑おすすめのグルメ
永平寺名物のごま豆腐：気を浄化し、金運や楽しみごとを与えてくれる。

永平寺の山門。

福井県吉田郡永平寺町志比5-15
☎0776-63-3102
JR 福井駅よりバスで30分、「永平寺」下車、徒歩5分。

富山県中新川郡 雄山神社《おやまじんじゃ》　中宮祈願殿《ちゅうぐうきがんでん》

パワー ☆☆☆

得られる運 成功運　発展運　身体機能向上

富山県中新川郡立山町芦峅寺2
☎076-482-1545　www.oyamajinja.org
富山地方鉄道・千垣駅より徒歩40分。

☑得られる運：立山連峰の強い気を受けとめ、連峰の山なみのように、運がどんどん展開して広がっていく。もともとの身体機能をさらに上げる運気ももらえる。

☑こんな人におすすめ
・自分に限界を感じている人、何かを始める前から及び腰になっている人
・アスリートや未開拓の分野を目指す人

富山県中新川郡 雄山神社《おやまじんじゃ》　里宮《さとみや》　前立社壇《まえだてしゃだん》

パワー ☆☆☆　得られる運 成功運　達成運／器が広がる

☑**得られる運：**古くから天皇や武将たちにあつく信仰された神社。自分の器を広げ、自信に満ちた人間になれる。

☑**こんな人におすすめ：**器を広げ、動じない人物にしてくれるパワーがあるので、人の上に立つ人が訪れるとよい。

☑**開運スポットはここ！**
・表神門と拝殿の前：強いパワーがある。
・お賽銭箱の両脇：良い気が噴き上がっている。

富山県中新川郡立山町岩峅寺1
☎076-483-1148　www.oyamajinja.org
富山地方鉄道・岩峅寺駅より徒歩10分。

立山山頂には、峰本社がある。

新潟県西蒲原郡 彌彦神社《やひこじんじゃ》

パワー ☆☆☆
得られる運 恋愛運　結婚運　人気運

新潟県西蒲原郡弥彦村大字弥彦2887-2
☎0256-94-2001
JR弥彦線・弥彦駅より徒歩10分。

☑**得られる運：**女性はやさしくしとやかに、男性は女心がわかる懐の深い人になれる。男女ともに人から好かれる運が上昇し、恋愛運や結婚運が強まる。やさしい「土」の気がこり固まった心身をほぐしてくれる。

☑**こんな人におすすめ**
人から好かれたい人、心身の疲れを癒し、リフレッシュしたい人、恋愛・結婚がしたい人

☑**開運スポットはここ！**
拝殿前とご神木の椎の木

☑**おすすめ開運行動：**気がゆっくりと流れているので、時間をかけて参拝する。

Power Spot Column 3

お守りについて

パワースポットめぐりを趣味としている方々からいちばんよく受けるご質問は、お守りをどうしたらよいか、ということです。

訪れる度にいただいてくるお守りが増えすぎて、どうしたらいいのかわからない、また、たくさんの神社やお寺のお守りをもつことで何か悪いことは起きないか、というご心配も多いようです。

たくさんのお守りを一つの場所に置いておくと、神様同士がケンカをするのでは？　と気になさる方もいらっしゃるようですね。

お守りは、自分と訪れた土地の気をつなぐ媒体となってもらうためのものです。お守りを手に取って、その土地のもつパワーを感じ取ることで、訪れた後も運気をいただくことができるのです。

ですので、悪いことが起きるなど、そのような心配はまったくありませんのでご安心ください。

ただ、お守りを買ったまま何年もそのままにしている、買って袋から出しもせずにそのまま置きっぱなしにしているなど、訪れた土地に対する敬意のない行動は、逆に運気を落とすことにつながりますので、注意が必要です。

自分とパワースポットをつないでくれるアイテムとして、お守りを大切に保管してくださいね。

お守りは、１年ほどでパワーを失います。１年を過ぎたものは、神社のものは神社に、お寺のものはお寺にきちんとお返ししてください。いただいてきた神社やお寺に郵送でお返しするのもおすすめです。

１年を過ぎていなくても、自分がお返ししたいと思ったタイミングでお返ししても問題ありません。

いただいてきたお守りは、きちんと保管して土地からのパワーをいただいてくださいね。

第5章
近畿地方

パワー ★★★★★　三重県鈴鹿市

椿大神社《つばきおおかみやしろ》

椿大神社境内図

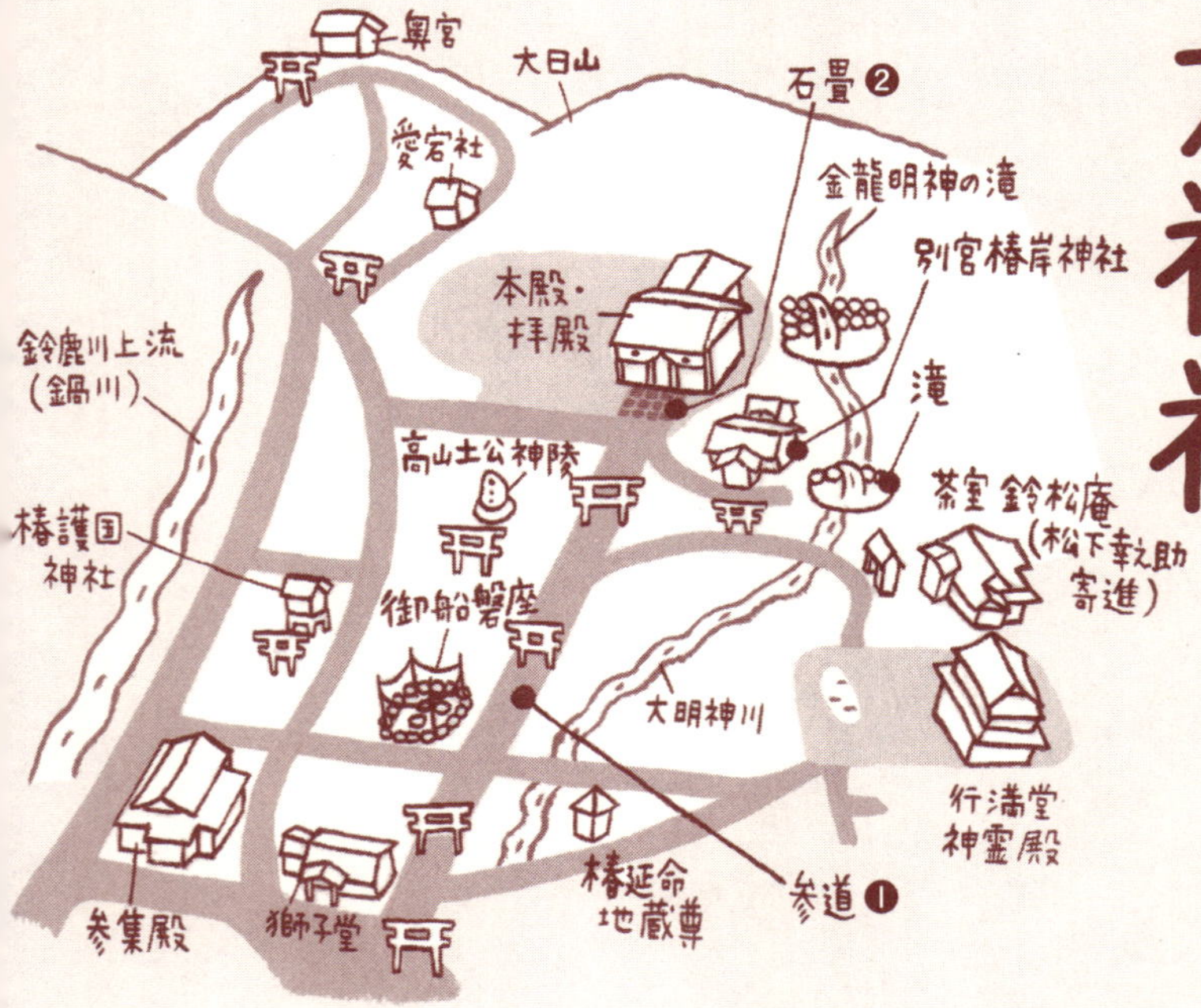

たいへん強いパワーがある土地で、訪れた人が人生の迷路から抜け出し、新たな世界へと向かう道を示してくれます。

☑得られる運

訪れた人にこれから進むべき道を見せてくれる。恋愛運、金運も与えてくれる。

☑こんな人におすすめ

何か新しいことを始める人、運気をリセットしたい人、迷いがある人

☑開運スポットはここ！

・参道と拝殿前：パワーがとくに強力なスポット。ふんわりとやわらかな気

得られる運　♥恋愛運　変化運　金運　浄化　…道が開ける

別宮椿岸神社そばにある「金龍明神の滝」は、見るだけで悪運を流し、金運をつけてくれる。

椿大神社の金運お守り。

「椿恋みくじ」には、椿チャーム（赤とピンクと白の３種）が入っている。ごくまれに、巫女さんチャームが入っていることもある。

三重県鈴鹿市山本町1871
☎059-371-1515　www.tsubaki.or.jp
近鉄線・近鉄四日市駅よりバスで55分、「椿大神社」下車。

❶参道もパワースポット。
❷拝殿と、拝殿前の石畳のある空間にパワーがある。

を受けられる。
・別宮の椿岸神社：良い気が流れている。
・かなえ滝：見るだけで悪運を流し、愛情に関する運を与えてくれる。

☑おすすめ開運行動

良い気が流れているスポットで、ゆったりと過ごす。伊勢神宮（92ページ）とセットで訪れると、さらなる開運が期待できる。

パワー ☆☆☆☆　三重県伊勢市

伊《い》勢《せ》神《じん》宮《ぐう》

伊勢神宮:外宮境内図

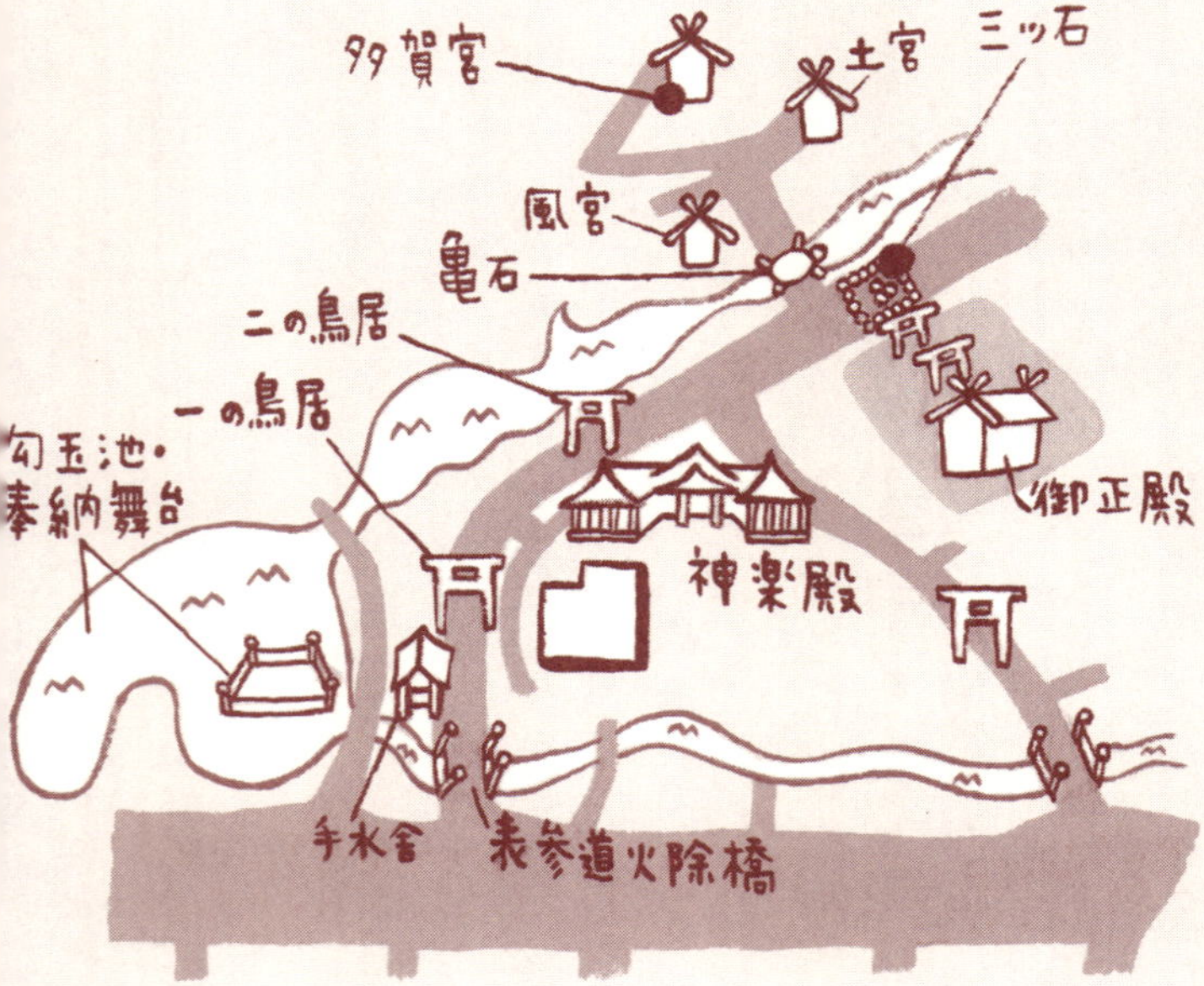

伊勢神宮はお願いごとを伝えるというより、人の心に「光」を与えてくれる場所です。「来られてよかった」と感謝することで、ここの気をいっそう強く体感できます。

☑得られる運
人の心に光を与えてくれる日本の聖地。あらゆることに効果がある運気。

☑こんな人におすすめ
人生に光がほしい人すべて

☑参拝の順序
まず二見浦から入って、外宮に進み、最後に内宮を訪れる。

一般的には晴れた日のほうが気が強く体感できるスポットが多いが、外宮は晴れた日も雨の日も気の体感度が強いスポット。しとしとと雨が降る中を

得られる運　★全体運：光のパワーを得る

伊勢神宮：内宮境内図

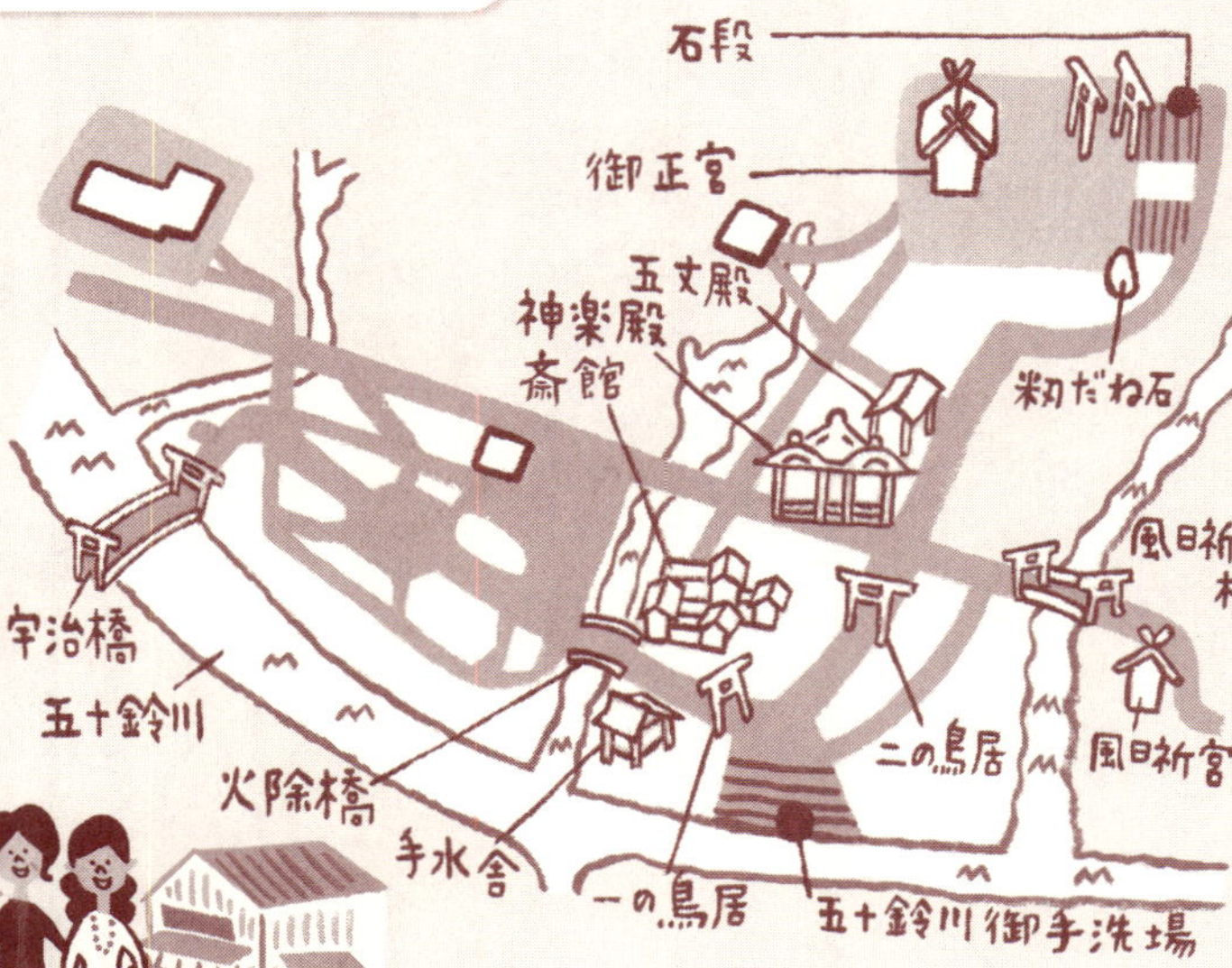

面白いおみやげ満載のおかげ横丁。そぞろ歩くだけで楽しい！

おすすめの観光スポット
内宮門前「おかげ横町」：名物の赤福や伊勢うどんなどグルメやショッピングを楽しんで。

おみやげ
この土地の土を使った地元の陶芸作家の作品：友だちや自分へのおみやげにして、良い気をもち帰る。

三重県伊勢市宇治館町1
☎0596-24-1111
www.isejingu.or.jp
外宮はJR紀勢本線・伊勢市駅より徒歩５分。

ゆっくりと歩くと、気持ちが凛とする。内宮をお参りしたあとは、ぜひ五十鈴川をながめて。

☑おすすめ開運行動

・「来られてよかった」と感謝する：気をいっそう強く体感できる。

・内宮の「御手洗場」から間近に五十鈴川を見て、水に触れ、身も心も清める。

・「楽しむ」こと、「喜ぶ」こと。

パワー ☆☆☆☆☆ 滋賀県大津市

石山寺《いしやまでら》

石山寺の天然記念物「硅灰石」には強い金運がある。

❶参道沿いに「金」の気がある。
❷石段を上がってすぐ目に入る硅灰石に注目を。
❸本堂前も強いスポット。
❹月見亭から琵琶湖や瀬田川の流れを見ると金運アップ。紅葉の季節がとくに美しい。

平安時代の女流作家・紫式部が７日間こもり、『源氏物語』を書き始めたお寺として知られている。

人生を楽しむために必要な運のすべてを与えてくれる素晴らしいパワースポット。訪れるだけで、豊かな気持ちにさせてくれます。

☑得られる運
人生を楽しむために必要な運のすべてがもらえる。知名度アップの運も。

☑こんな人におすすめ
金運、恋愛運をアップさせたい人。世に出たい、人気を得たい人

☑開運スポットはここ！
・巨大な岩山「硅灰石《けいかいせき》」のあたり：一番パワーが強い場所。岩をバックに写

得られる運　金運　恋愛運　喜びごと　知名度

石山寺境内図

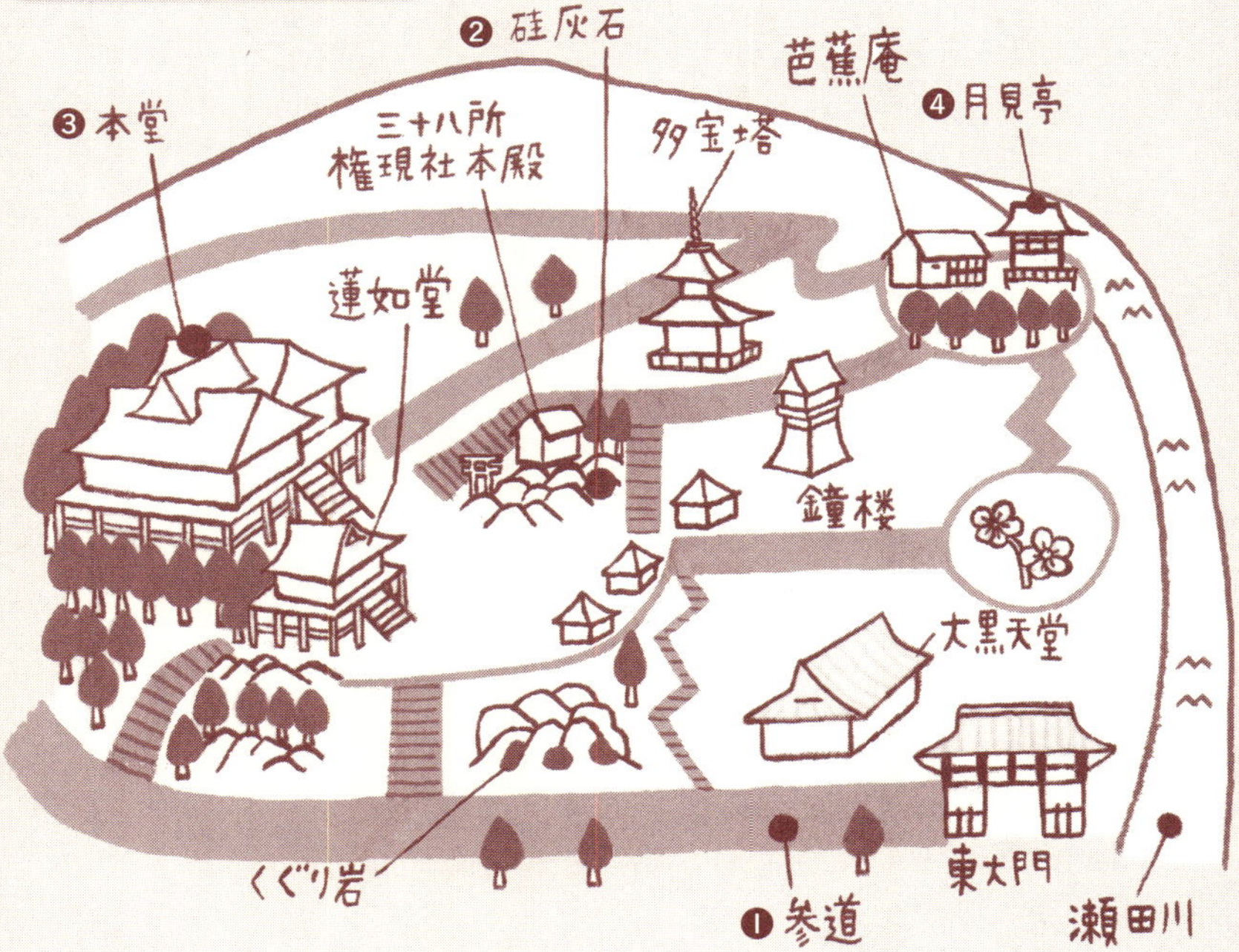

真を撮って。

・本堂の前：お参りすると体が浮くような感じがすれば、気を吸収できているサイン。

☑おすすめ開運行動

上を見て歩く：この地の気は上に向かって流れているので、足もとに気をつけながら上を見て歩いて。

おすすめの観光スポット

「月見亭」：夏の新緑、秋の紅葉がとりわけ見事な絶景スポット。ここから、琵琶湖やその水をいただく瀬田川をながめれば、土地の良い気を体に取り込むことができる。

滋賀県大津市石山寺1-1-1
☎077-537-0013
http://www.ishiyamadera.or.jp/
JR 東海道本線・石山駅よりバスで10分、「石山寺山門前」下車。

パワー ☆☆☆☆ 滋賀県犬上郡多賀町

多《た》賀《が》大《たい》社《しゃ》

多賀大社の太鼓橋は、とにかく傾斜が急！

豊臣秀吉をはじめ、戦国武将からあつい信仰が寄せられたことでも有名です。鳥居をくぐってすぐ目の前に見える「太閤橋」は、秀吉が寄進したといわれるもの。渡ることで、願いを叶えるパワーが強まります。

☑得られる運

たいへん強い「地」の気があり、現実的な願いごとを叶えてくれる。

☑こんな人におすすめ

自分のベースを強くしたい人、現実的な願いを叶えたい人

☑開運スポットはここ！

拝殿の前：とくに強いスポットはここ。ただし、境内全域にパワーがあるため、気に入った場所があれば立ち止まり、運気をしっかり感じて。

「お多賀杓子」と呼ばれるしゃもじが名物。おたまじゃくしの語源にもなっているとか。

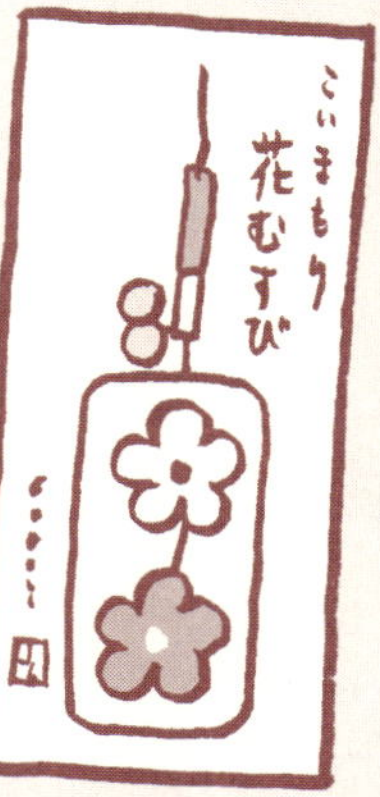

「こいまもり・花むすび」は、見た目の愛らしさも高得点なお守り。花が連なっているモチーフは、楽しい縁を次々と連れてきてくれる。

「糸切り餅」は、蒙古襲来の際に蒙古との縁を切るという意味でつくられたお菓子。全国的に隠れファン多数。

☑おすすめ開運行動

・「年収を○万円アップさせたい」「今年中に彼がほしい」など、具体的な思いを心の中で伝える。

・「太閤橋」を渡る：願いを叶えるパワーが強まる。傾斜がとても急なので、足もとに気をつけながら渡って。

☑運気が上がるお守り

花むすび：縁結びのお守り。良い縁が舞い込む可能性が。

おすすめのグルメ

糸切り餅：平和への願いを込め、お餅のひとつひとつを、刃物を使わず三味線の糸でカットしているという珍しいもので、出会いをもたらすパワーがある。

滋賀県犬上郡多賀町多賀604
☎0749-48-1101
www.tagataisya.or.jp
近江鉄道・多賀大社前駅より徒歩10分。

得られる運　♡愛情運　金運　健康・長命運　パワー　☆☆☆☆☆　滋賀県長浜市

竹生島神社《ちくぶしまじんじゃ》

八大竜王拝所。
ここから湖をながめて。

滋賀県長浜市早崎町1821
☎0749-72-2073
http://www.chikubusima.or.jp/
長浜・彦根・近江今津の各港より観光船で25～35分。

琵琶湖に浮かぶ無人島・竹生島は、琵琶湖の水の気から生じるパワースポット。小さな島ですが、島全体が強い水の気で満たされています。とくに竹生島神社は島の中でももっとも強い水の気が感じられます。

☑得られる運

愛情運や心の安定、金運や健康運など、豊かさの運を得ることができる。

☑こんな人におすすめ

良縁に恵まれたい人、健康面で心配事がある人、地位向上を目指す人、金銭面、愛情面で物足りなさを感じる人

☑開運スポットはここ！

竹生島の桟橋から階段を上がり右側に行くと、竹生島神社の鳥居がある。その鳥居から黒龍大神・黒龍姫大神までの間の道が、強力な気を感じるパワースポット。ゆっくりと歩いて体感して。

☑おすすめ開運行動

八大竜王拝所で「かわらけ投げ」をして運試しをする：かわらけ（土器）に自分の名前と願いごとを書いて投げ、湖面に突き出た宮崎鳥居をくぐれば願いごとが叶うと言われている。

得られる運　♡愛情運　金運　✚健康・長命運　パワー　☆☆☆☆　滋賀県長浜市

宝《ほう》厳《ごん》寺《じ》

宝厳寺本堂。

竹生島の桟橋から階段を上がり左に進んだ高台にある、やわらかい水の気をもつおだやかなパワースポット。地面からあたたかい土地の気を感じることができます。ここではゆっくりと深呼吸をするのがおすすめ。

☑得られる運

愛情運や心の安定、金運や健康運など豊かさの運を得ることができる。

☑こんな人におすすめ

良縁に恵まれたい人、健康面で心配事がある人、地位向上を目指す人、金銭面、愛情面で物足りなさを感じる人

☑開運スポットはここ！

本堂の前：やわらかいパワーに満ちている。

☑おすすめ開運行動

「弁天様の幸せ願いダルマ」に願いを書いて奉納する。

「弁天様の幸せ願いダルマ」。願いを書いた紙をダルマの中に収め、本堂に奉納する。

滋賀県長浜市早崎町1664-1
☎0749-63-4410
http://www.chikubushima.jp/
長浜・彦根・近江今津の各港より観光船で25〜35分。

貴《き》船《ふね》神《じん》社《じゃ》

「水」の気が強く、恋愛にかかわるさまざまな運をもらえます。貴船神社は本宮、結社、奥宮の三社からなりますが、とくにパワーがあるのは本宮と奥宮です。

貴船神社境内図

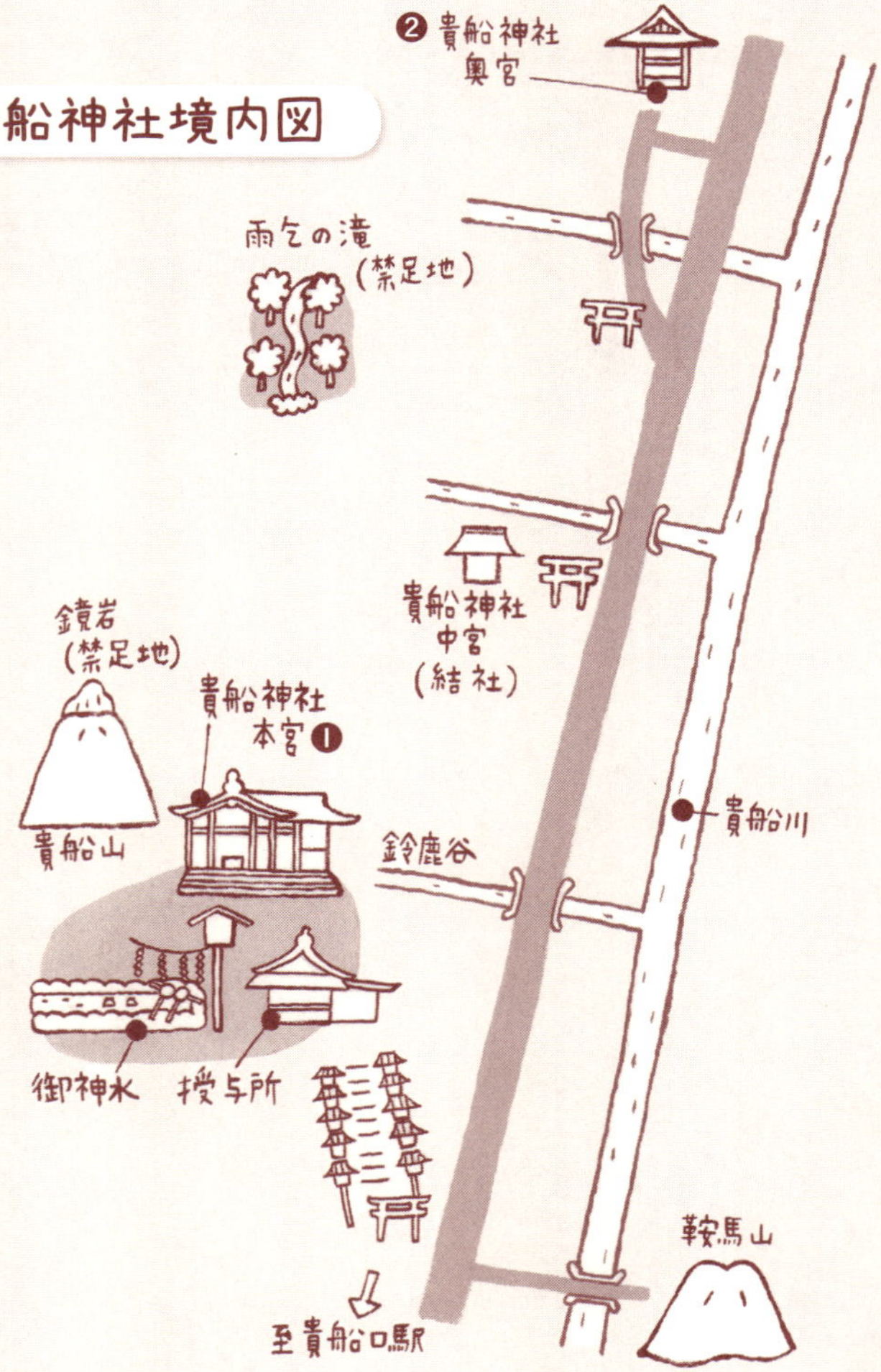

❶本宮の授与所で水占みくじをいただいて、境内の霊泉に浮かべて。

❷奥宮はとても神聖な場所なので、敬虔な気持ちを忘れずに。

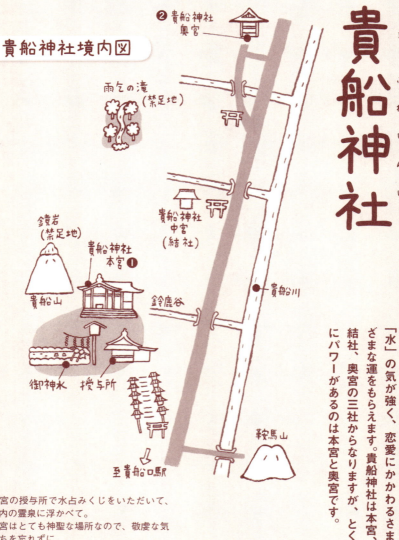

得られる運　♥恋愛運　♡愛情運　結婚運　出会い運　ビューティ運　金運

京都府京都市左京区鞍馬貴船町180
☎075-741-2016　http://kifunejinja.jp/
叡山電鉄鞍馬線・貴船口駅よりバスで5分、「貴船」下車。

水占みくじは、水の上に浮かべると文字が浮かんでくる。

☑得られる運

恋愛に縁がない人には恋愛につながる運を、恋愛が今ひとつうまくいかない人には、恋愛を充実させる運を与えてくれる。さらに、財をなす、財を増やすといった金運や、ビューティ運も。

☑こんな人におすすめ

ご夫婦・カップルで愛を深めたい人、恋愛の縁、金運がほしい人

☑開運スポットはここ！

本宮と奥宮：奥宮には「神の気」があり、拝殿前に立つと顔の前くらいの真近なところに、神々しい気がはっきりと感じられる。

☑おすすめ開運行動

・午前中に出かける：いっそう良い気がもらえる。
・お水取り：本宮の石垣から流れるご神水は、一度も枯れたことがないと言われる湧き水。ぜひいただいて。
・水占みくじ：水に浸すと文字が浮かび上がってくるしかけが。恋愛運がほしい人は試してみて。

☑気をつけたいこと

「お金持ちになりたい」「恋愛運がほしい」といった前向きなお願いはＯＫだが、人を妬んだり不幸を願ったりといったネガティブな願いはＮＧ。マナー違反の言動や、人の悪口やグチなども厳禁。

☑運気が上がるお守り

縁結びのお守り：ピンクとブルーの2種類。気に入ったほうを選んで。
「水まもり」：ご神水をイメージした水玉がきれい。

上賀茂神社《かみがもじんじゃ》

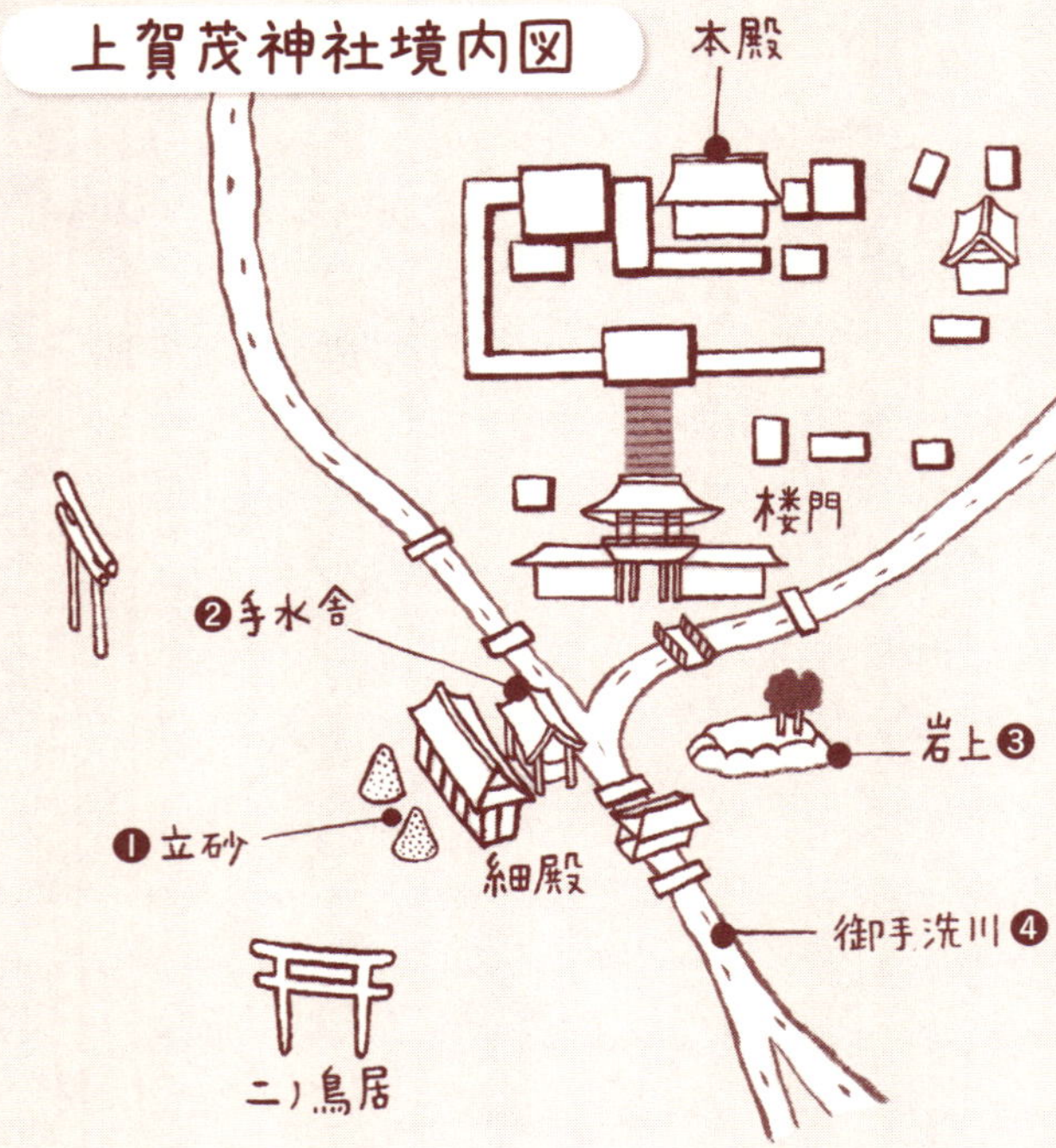

京都の北部に位置するこの地は、山々の生気を京都市内に送り込む役割をもっています。山から生じた「土」の気が強く、境内には「ならの小川」が流れていることから、「水」の気も強くなっています。

☑得られる運

強い浄化力をもち、今までの運をリセットし、自分の中に新たな土台をつくってくれる場所。自分の足下を固めてくれる運も。

☑こんな人におすすめ

人生の方向転換をしたい人、次のステップに進みたい人

☑開運スポットはここ!

楼門の向かいの岩山「岩上」：気の発生源で、一番パワーが強い。

得られる運　浄化　変化運　土台形成

細殿の前にある「立砂」には強い浄化力が。

📍京都府京都市北区上賀茂本山339
☎075-781-0011
www.kamigamojinja.jp
JR 京都駅よりバスで40分、「上賀茂神社前」下車。

❶立砂の前で記念撮影を。
❷手水舎の水は、神山から湧き出たもの。
❸楼門の向かいにある「岩上」をながめて。
❹境内に流れる御手洗川（ならの小川）にも良い気がある。

☑おすすめ開運行動

・手水舎で手や口中を清める：ここの水は「神山湧水」と呼ばれ、神山のくぐり水をくみ上げたもの。みなぎる気をいただいて。

・岩上をながめながら深呼吸する。

・「立砂《たてずな》」を写真に撮って身につける：運をリセットしたい人はぜひ。立砂は本殿の北北西に位置する神山を模したもの。神が降り立つといわれ、魔を払う力がある。

・桜の開花時期に訪れる：境内には「御所桜」や「斎王桜」「馬出しの桜」など、いわれがある桜の樹がたくさん。開花時期には「水」の気がいっそう強まるので、花見がてらに足を運ぶのもいい。

下《しも》鴨《がも》神《じん》社《じゃ》

女性にぜひ訪れてほしいパワースポット。神社の南側に広がる「糺《ただす》の森」は、夏ともなれば蛍も飛び交うほど自然豊かなスポットで、女性的なやさしい気に満ちており、女性をやさしく、美しくしてくれるパワーがあります。

下鴨神社境内図

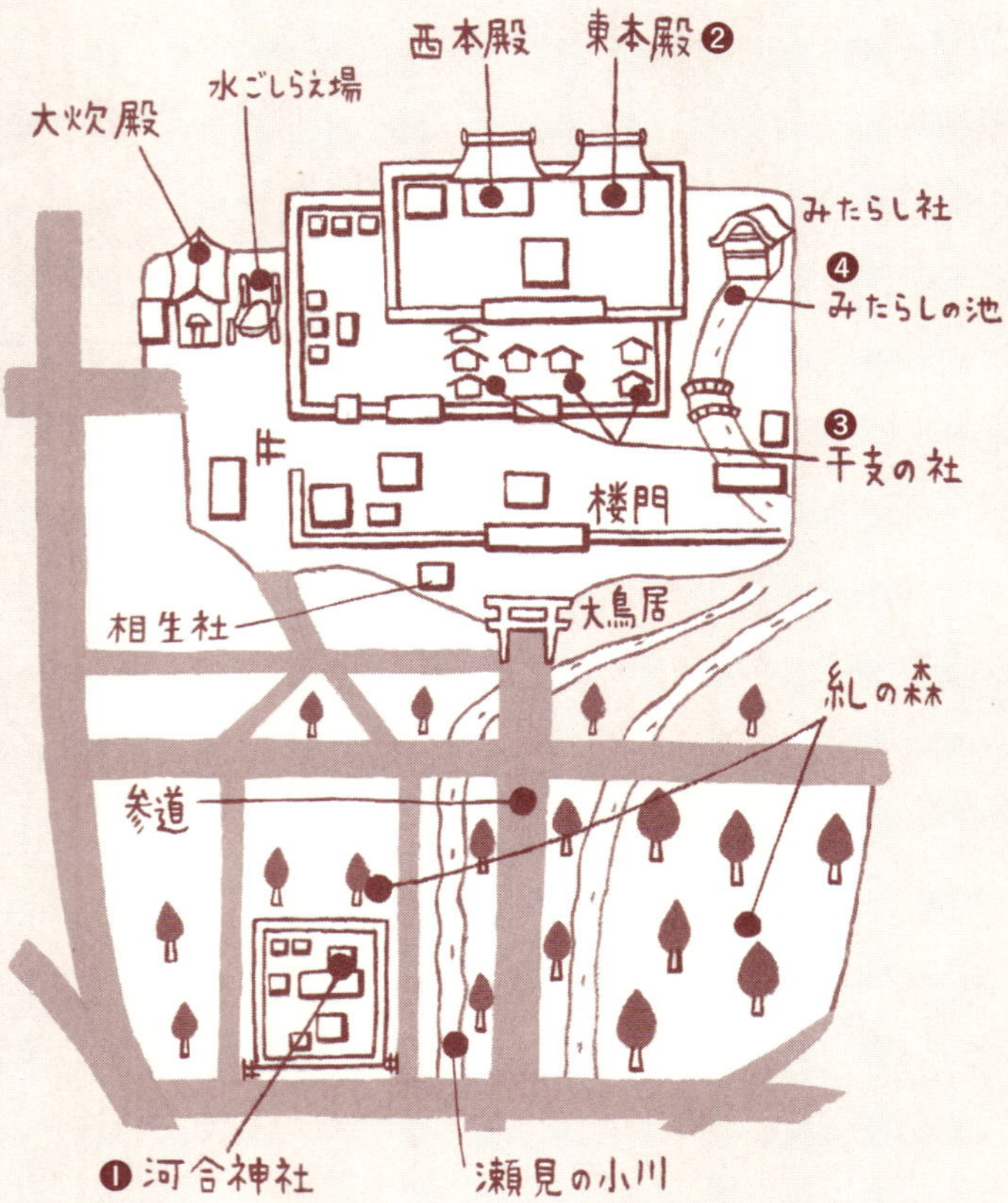

❶河合神社にもパワーが感じられる。
❷白砂を敷き詰めた空間に建つ西本殿と東本殿の前もパワースポット。
❸本殿でお参りをしたら、自分の干支の守り神にもお参りを。
❹寒い季節でなければ、みたらしの池に足をつけて。

得られる運 ♥恋愛運 ♡愛情運 ✦ビューティ運 …モテ運／人間関係運

良い気に満ちた糺の森は、歩くだけで清々しい気持ちになり、強運をもらえる。川のせせらぎに意識を向けて。

京都府京都市左京区下鴨泉川町59
☎075-781-0010
www.shimogamo-jinja.or.jp
JR 京都駅よりバスで35分、「糺の森前」下車。

☑得られる運

「水」の気が強く、人から愛される運、信頼される運、他者に対してやさしくなれる運がある。女性の容姿や性格を美しくしてくれる効果も。

☑こんな人におすすめ

愛情運・人間関係運を良くしたい人、総合的に運気を強くしたい人

☑開運スポットはここ！

・糺の森：神社の南側に位置する原生林。参道としての役割も。女性的な豊かな気に満ちている。
・本殿：白砂を敷き詰めた神域にあり、強いパワーがある。
・水ごしらえ場

☑おすすめ開運行動

・糺の森の参道で大きなS字を描くように歩く：この森は気の流れが蛇行しているので、吸収率が上がる。
・糺の森の中を流れる「ならの小川」や「瀬見の小川」に手足を浸す：季節の良いときは手足を水に浸してみて。土地のもつパワーを気持ちよく吸収できる。
・自分の干支の社にお参りする：本殿でゆっくりとお参りしたあとは「干支の社」にまわってお参りを。
・絵馬を書く。
・相生社の隣の授与所で縁結びのおみくじを引く：出会いがほしい人はぜひ。

☑運気が上がるお守り

水守：カプセルの中でご神水が揺れる水守は、見ているだけで楽しくラッキー。

得られる運　成功運　上昇運　金運　恋愛運　パワー　☆☆☆☆　京都府京都市

清水寺《きよみずでら》

清水の舞台は、朝一番に訪れるのがベスト。

京都府京都市東山区清水1-294
☎075-551-1234
www.kiyomizudera.or.jp
JR 京都駅よりバスで10分、「五条坂」下車、徒歩10分。

気の流れは龍にたとえられ、京都・東山には「東山龍」という1匹の龍が巡回しています。東山龍は人が上に向かっていく上昇運をもち、清水寺の「清水の舞台」のあたりを必ず通過します。

☑得られる運

人が上に向かっていく上昇運をもつ。とくに音羽の滝のあたりには、恋愛運・金運が満ちている。

☑こんな人におすすめ

マルチに運を得たい人、運気を上昇させたいと強く願っている人

☑開運スポットはここ！

・「清水の舞台」のあたり：龍が必ず通過するスポットで、気が勢いよく発する場所。

・清水が流れ出る「音羽の滝」のあたり：清水はひしゃくに汲んで飲むこともできるので、いただいてみて。

・地主神社：恋愛運がほしい人は、お隣の地主神社にも足をのばして。東山の龍は清水の舞台から、地主神社へと流れているため、強い恋愛運を得ることができる。

☑気をつけたいこと

東山龍は、人の気配があると気が散りやすい性質をもっているため、人の多い日中はパワーを吸収しにくい。訪れるタイミングは、人のいない早朝がベスト。

| 得られる運 | ✚健康・長命運 | 💰金運 | 変化運 | パワー | ☆☆☆☆☆ | 📍京都府京都市 |

三十三間堂 (さんじゅうさんげんどう)

仏像の前を歩きながら、自分でスポットを探して。

📍京都府京都市東山区三十三間廻り町657
☎075-561-0467　sanjusangendo.jp
JR京都駅よりバスで10分、「博物館三十三間堂前」下車。

東山龍に、さらに「金」の気をもつ別の龍が合体したスポット。ただし、ここの龍は巡回してはおらず、守り龍として土地にとどまっています。

☑ 得られる運
強いリラックスパワーと健康運があり、心と体に生気と癒しを与えてくれる。やる気を起こしてくれる運気も。

☑ こんな人におすすめ
心が停滞して前へ進めない人、現状を打破したい人

☑ 開運スポットはここ！
・南北120メートルもの間口をもつ大きなお堂には等身大の千体の観音像、風神・雷神などがずらりと並んでいて、順路沿いにいくつかのパワースポットがある。ただし、この気は流動的で1か所にとどまっていないので、ゆっくりと歩いて自分が心地よく感じる場所を探すこと。「ここだ！」と感じる場所や、気の合う観音像の前が自分にとってのパワースポット。
・お堂の真裏：強いパワースポットとなっているので、帰りにまわって。

☑ おすすめ開運行動
お堂の前では必ずお参りを。気に入った観音像の前にお賽銭箱があればお賽銭を入れて。願いごとが叶いやすくなる。

出雲大神宮《いずもだいじんぐう》

パワー ★★★★★　京都府亀岡市

出雲大神宮境内図

聖地と呼ぶのにふさわしい、天と地の気がつながった場所。地の気に加え、上から光のように降ってくる天の気が感じられます。願いごとが叶いやすく即効性があります。

☑得られる運

出会い運、結婚運、仕事運など、あらゆる縁の運をつかさどり、もともとこれらに縁がない人には光を与え、すでに縁がある人にはさらに発展させる運を授けてくれる。

☑こんな人におすすめ

縁の運気がほしい人

☑開運スポットはここ！

・本殿裏の「磐座《いわくら》」：体感度が高いので、天と地の両方が合わさった特別な気を感じる人も多いはず。

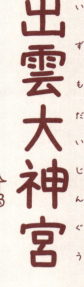

得られる運　♥恋愛運　仕事運　金運　結婚運　発展運

上から光がさしてくるパワースポット。人生にスポットライトを当ててくれる。

京都府亀岡市千歳町千歳出雲無番地
☎0771-24-7799　www.izumo-d.org
JR 嵯峨野線・亀岡駅北口よりバスで12分、「出雲神社前」下車。

❶本殿前や本殿裏にある磐座にパワーがある。
❷真名井の水は恋愛運アップに効果的。

・「みかげの滝」：水を見るだけで、この土地の気を体に吸着できる。

☑気をつけたいこと

奥には本殿裏とは別の磐座があるが、こちらは人を拒む傾向がある。

☑おすすめ開運行動

・午前中に訪れる：早朝に訪れると、さらに強い運気を吸収できる。
・ご神水の「真名井の水」でお水取りをする：この地域が日照りのときも枯れなかったという言い伝えがある霊泉。恋愛運がほしい人は、ぜひ。

☑運気が上がるお守り

縁結守：赤と白の糸が2本ついている。赤い糸をはずして「夫婦岩」に結ぶと、縁結びに効果あり。

車折神社《くるまざきじんじゃ》

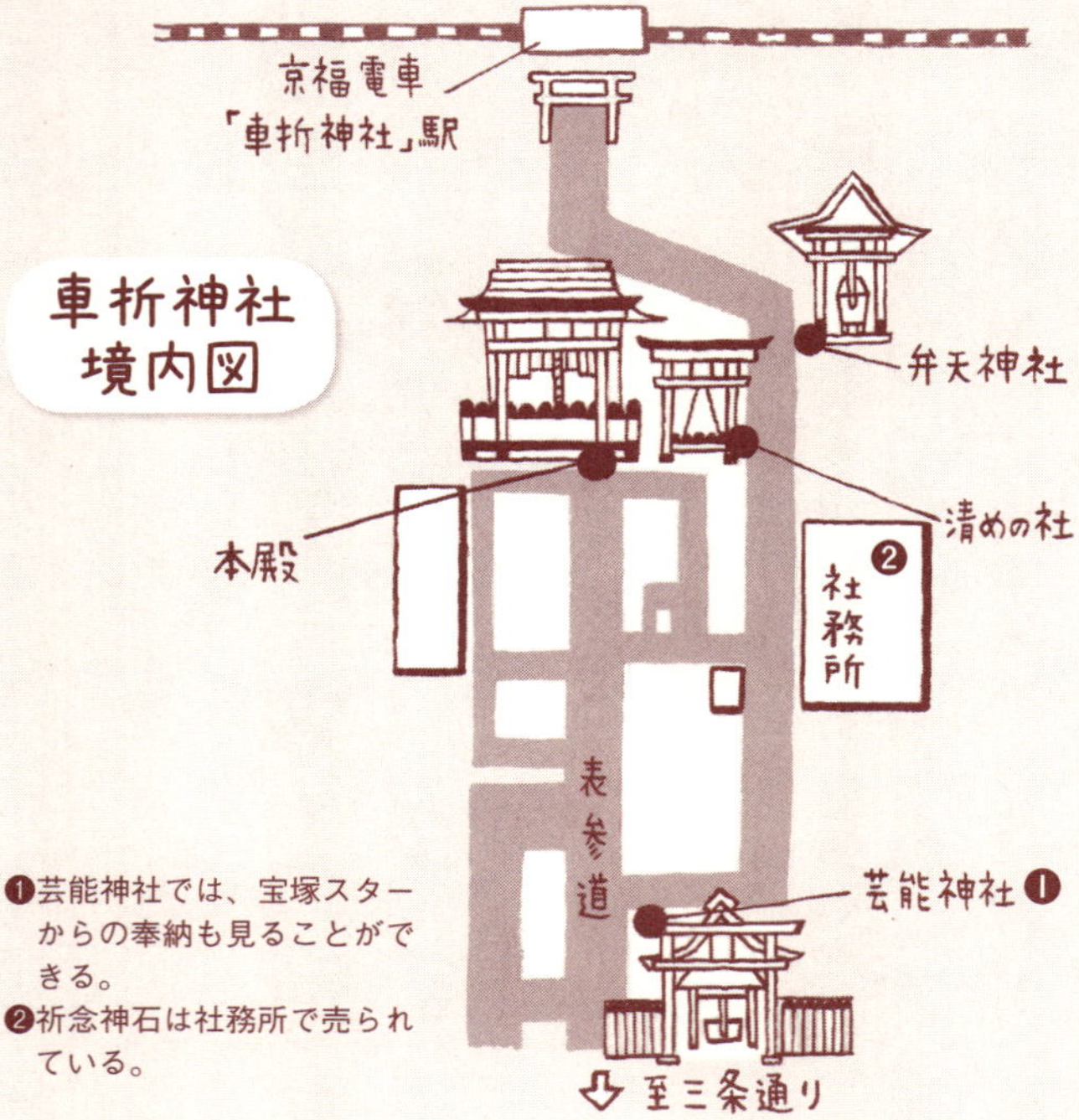

❶芸能神社では、宝塚スターからの奉納も見ることができる。
❷祈念神石は社務所で売られている。

北の山々から流れてきた龍は、太秦《うずまさ》で「金」の気を増やすため、太秦という土地は、地形的に見て京都の「金」の気をつくり出していると言えます。そんな太秦の「金」の気がこの車折神社にたまっているため、小さいながらとても強いパワースポットです。境内に入るとふんわり温かい気が感じられます。

☑得られる運

人生を豊かにするあらゆる楽しみをくれる場所。金運、恋愛運のほか、人気者になる運気や浄化運も。

☑開運スポットはここ！

本殿の前と、裏参道沿いの「清めの社」

☑おすすめ開運行動

・円錐形の立砂の前で記念写真を撮る：運をもち帰ることができる。

清めの社を見ることで悪運が流れる。

すごく効く！祈念神石。

おすすめの観光スポット
京都を代表する観光名所・嵐山のシンボルである渡月橋で、美しい風景を満喫するのもおすすめ。

京都府京都市右京区嵯峨朝日町23
☎075-861-0039
www.kurumazakijinja.or.jp
JR京都駅よりバスで40分、「車折神社前駅」下車。

・弁天神社でお水を奉納する：土地の気とつながり、願いごとが叶いやすくなる。
・表参道沿いの芸能神社に立ち寄る：人気運がほしい人に。著名人の名前が書かれた玉垣を見るのも楽しい。

☑運気が上がるお守り

祈念神石：この土地の気との相性が抜群のため、もっているとじわりとした温かさを感じる。このお守りをもったままお参りするのが作法だが、そのときの願いごとは1つに絞ること。その際、「お金持ちになりたい」ではなく、「年収○万円以上に」といったように、具体的なお願いをしたほうが叶いやすい。

パワー ☆☆☆☆☆　京都府宮津市

籠《この》神《じん》社《じゃ》

奥宮である真名井神社とともに訪れてください。天の橋立を通る龍がいます。晴れた日に行って、途中から急に雨が降りだしたら、土地の気とつながった証拠。この土地に限り、それがプチ瑞兆となります。

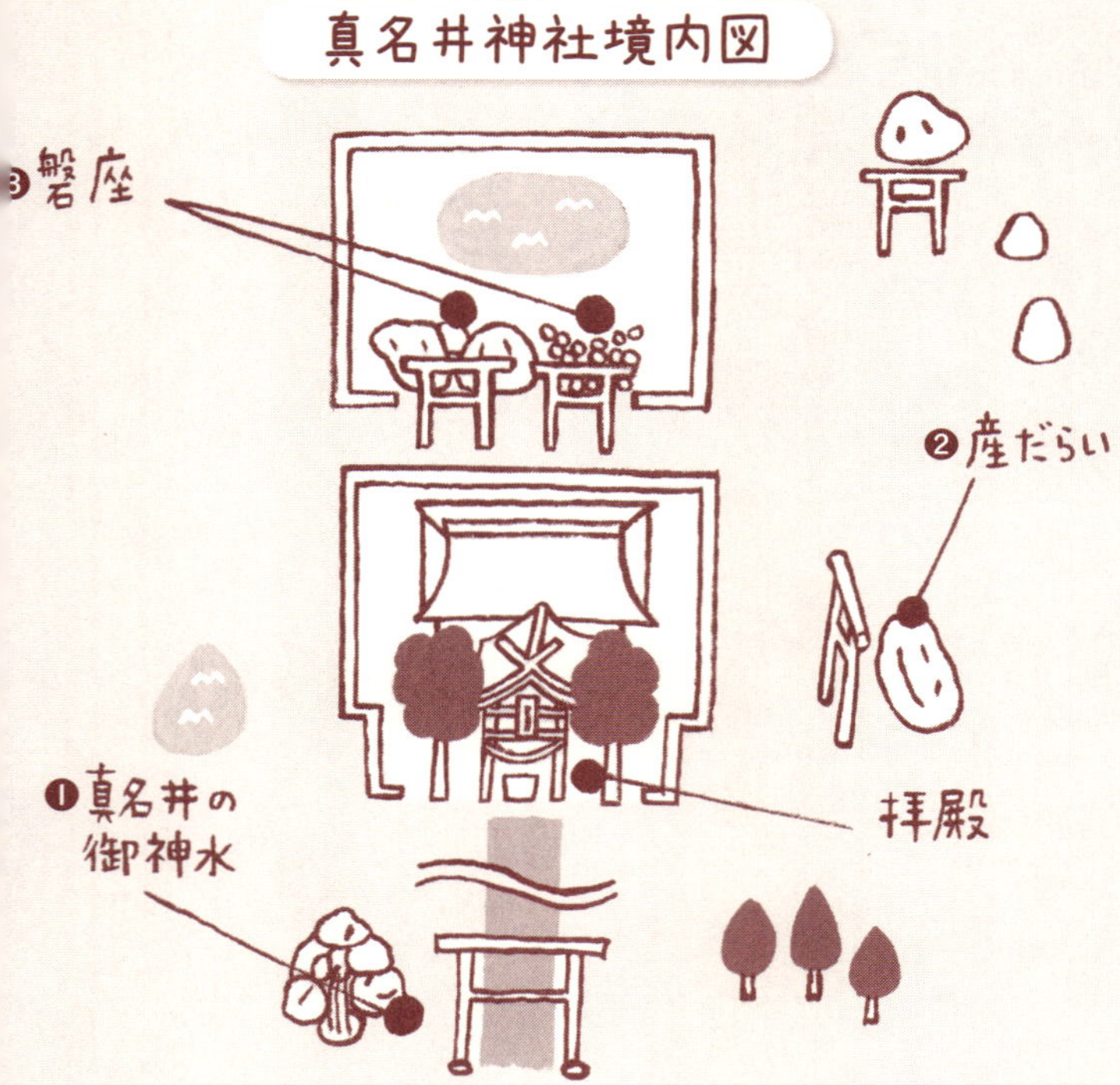

❶真名井の水にはこの土地の良い気がとけ込んでいる。
❷アマテラスが産湯をつかった場所とされている。
❸磐座には神々しい気があるので、あまり入り込まないほうがラッキー。人間界とは別格の神々しい場所なので、騒々しくするなど失礼な振る舞いは慎むこと。

真名井神社の狛龍。鳥居の両脇には、狛犬ならぬ狛龍が。

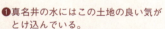

得られる運　♥恋愛運　仕事運　金運　出会い運　子宝運

籠神社拝殿前。晴れた日に籠神社や真名井神社を訪れて多少の雨が降ったら、土地と自分の気がつながったというラッキーなサイン。

おすすめの観光スポット
天橋立：物事を生み出してつなげる運、開いていける運を授けてくれる。

京都府宮津市字大垣430
☎0772-27-0006
http://www.motoise.jp
KTR 天橋立駅より徒歩3分、観光船で12分、「一の宮桟橋」より徒歩3分。

☑得られる運

仕事運、家庭運、子宝運など、訪れた人それぞれに、自分の幸せを感じられる運気を与えてくれる。

☑こんな人におすすめ

自分の人生に幸せをもたらしたい人

☑開運スポットはここ！

・神門の手前の階段と、拝殿前の中央
・奥宮の真名井神社の「真名井のご神水」と「産《うぶ》だらい」
・真名井神社拝殿裏の「磐座《いわくら》」

☑おすすめ開運行動

奥宮である真名井神社とともに訪れる：真名井神社は感性が高まり、別のステージに連れていってくれる場所。入った瞬間、違う世界に入ったことが体感できる。

春日大社《かすがたいしゃ》

春日大社境内図

やわらかい女性的な気をもち、恋愛運や家庭運にあふれています。近年、よりパワーが強くなっているので、以前訪れてあまりピンと来なかった人も、ぜひもう一度訪れてみてください。

☑得られる運

縁をつくるというよりも、自分が今もっているベースに幸せを呼び込んでくれる運気。女性にはとくに強い運気をもたらしてくれる。恋愛運や家庭運も。

☑こんな人におすすめ

心に平和を取り戻したい人、喜びをもたらしたい人

☑開運スポットはここ！

・南門手前の「出現石」：とくにパワー

得られる運 ♥恋愛運 ✦ビューティ運 ♡愛情運 …家庭運

愛らしい奈良の鹿。

❷大

❶南門

おすすめの観光スポット
萬葉植物園の脇にあるお休み処「春日荷茶屋」：月替わりの「万葉粥」や「春日素麺（夏期）・春日にゅう麺」などが楽しめ、おみやげも買い求めることができる。

奈良県奈良市春日野町160
☎0742-22-7788
www.kasugataisha.or.jp
JR奈良駅または近鉄・近鉄奈良駅よりバスで10分、「春日大社本殿」下車、徒歩10分。

❶南門の前にある「出現石」に注目を。
❷社頭の大杉の前で深呼吸をし、気を吸収して。

が強いスポット。手をかざすと温かい気が感じられる。

・本殿に向かう階段脇の大杉：中門から本殿の参拝は特別参拝（有料）となるが、ここもぜひお参りを。樹齢800～1000年といわれる大杉の発するパワーには力強いものがある。

・回廊の屋根を突き抜けて空へ伸びる真柏

☑おすすめ開運行動

・一の鳥居をくぐったあと、長い参道を「萬葉植物園」をのぞいたり、鹿と触れ合ったり、あれこれ楽しみながら、ゆっくりと歩く。

・大杉や真柏の樹勢をいただくように深呼吸をし、気を体感する。

得られる運　出世運　変化運　道が開ける　浄化　パワー　☆☆☆☆　奈良県桜井市

大神神社《おおみわじんじゃ》

大神神社拝殿。

奈良県桜井市三輪1422
☎0744-42-6633
www.oomiwa.or.jp
JR 桜井線・三輪駅より徒歩5分。

三輪山をご神体とする神社で、三輪山がもっている生気が流れ込み、ここに凝縮しています。本来、安定・安心の運気が強いスポットですが、早朝の時間帯は変化の運気がたいへん強くなっています。

☑得られる運

自分が行くべき道を示してくれる、生きやすい場所へ向かわせてくれる運気のほか、後々振り返ったとき、「人生の岐路だった」と思えるタイミングを与えてくれる運気がある。

☑こんな人におすすめ

・ステイタスを上げたい人、変化を求めたい人：朝7～9時の間に訪れる。
・平穏無事な生き方を望む人、安定した仕事に就きたい人：安定・安泰の運気が強くなる午前9時以降、昼にかけて訪れて。

☑開運スポットはここ！

・拝殿前と手水舎のあたり
・拝殿に向かって右側のご神木「巳《み》の神杉」

☑おすすめ開運行動

・拝殿前と手水舎付近から三輪山を見上げて深呼吸をする。
・「巳の神杉」の写真を撮る：気をしっかりと吸収して。

得られる運 ★全体運：光のパワーを得る　パワー ☆☆☆☆　奈良県橿原市

橿原神宮《かしはらじんぐう》

境内の白い砂利石の空間は、光に満ちた強いスポット。

光と輝きに満ちた、類いまれなパワースポット。境内全域に良い気が流れており、歩いているうちに「陽」の気を吸収して、細胞がいきいきと活性化してきます。

☑得られる運

境内全域に、あらゆることに効果がある運気が。

☑こんな人におすすめ

人生に導きがほしい人、闇の世界から光り輝く未来へ向かいたい人

☑開運スポットはここ！

・内拝殿に向かう参道

・南神門を抜けた先に広がる白い玉砂利のエリア：大和三山から流れてきた気をためる役割をしている。

・拝殿：強いパワースポット。

☑おすすめ開運行動

拝殿へは早朝に訪れる：清々しい空気の中、白い玉砂利から流れてくる気を、効率的に吸収することができる。

おすすめのグルメ

・奈良の名産「柿の葉寿司」：自分の地盤を築いてくれる運気がある。「ゐざさ」の柿の葉寿司は、素材のおいしさが楽しめる。

・ほうじ茶で作る「茶がゆ」：自分のベースを強化してくれるパワーがある。

奈良県橿原市久米町934

☎0744-22-3271

www.naranet.co.jp/kashiharajingu

近鉄・橿原神宮前駅より徒歩10分。

パワー ☆☆☆☆　和歌山県田辺市

熊《くま》野《の》本《ほん》宮《ぐう》大《たい》社《しゃ》

鳥居前には、神の使い「八咫烏《やたがらす》」の描かれたのぼりが。

風水では、生じた気はやがて衰え南の方位に流れるとされています。熊野は京都から見て南の位置にあり、浄化と再生をつかさどるエリア。熊野本宮大社は周りを山々に囲まれ、「土」の気が強いパワースポットになっています。

☑得られる運

自分がもっている運を底上げしてくれたり、古びたものを一新してくれる運気がある。じっくり積み重ねるパワーもあることから、健康運、貯蓄運も。

☑こんな人におすすめ

自分の中の地盤を整えたい人

得られる運　浄化　健康・長命運　金運　貯蓄運

新宮市熊野川の川舟センターから、
熊野川の舟下りも楽しめる。

のぼりが無数に立ち並ぶ参道を経て本殿へ。

境内には４つのご社殿がある。

☑開運スポットはここ！

・社殿右横の樹

・参道沿いにしめ縄だけが張られているあたり

☑おすすめ開運行動

境内には長めに滞在する：流れる気は強力だが、体への吸着はとてもやわらかなので、長く滞在して体にパワーをためて。

おすすめの観光スポット

熊野川：山あいにゆるやかなカーブを描く川の美しさを堪能しながら気の吸収を。滝や巨石のながめを楽しむ「川舟下り」も体験できる。

和歌山県田辺市本宮町本宮
☎0735-42-0009
http://www.hongutaisha.jp/
JR紀勢本線・新宮駅よりバスで1時間15分、「本宮大社前」下車。

得られる運　浄化　変化運　パワー　☆☆☆

和歌山県東牟婁郡那智勝浦町

熊《くま》野《の》那《な》智《ち》大社《たいしゃ》

熊野那智大社本殿。

和歌山県東牟婁郡那智勝浦町那智山１
☎0735-55-0321
www.kumanonachitaisha.or.jp
JR 紀勢本線・紀伊勝浦駅よりバスで30分、「那智山」下車、徒歩10分。

「蟻の熊野詣で」と言われるほど、古くから多くの参拝客でにぎわった神社です。ご神体は次ページで紹介する那智大滝。お参りのあと、展望台「大滝遠望」から滝の全景と大雲取山、妙法山、那智原生林をながめるとラッキーです。

☑得られる運

強烈な浄化のパワーがあり、今までの悪運をすっきりと流し、違う自分になれる運を与えてくれる。

☑こんな人におすすめ

過去とはまったく違う自分になりたい人、今までとガラリと違う道を歩みたい人

☑開運スポットはここ！

・大楠：樹齢８００年余りで平重盛のお手植えと伝えられる。大門坂を上っていくと見えるので、ゆっくりと気を吸収しながら歩いて。

・拝殿前：一番パワーが強い。玉砂利の空間には良い気が流れているので、時間をかけて行き来し、気を体に取り込んで。

☑おすすめ開運行動

お参りが済んだら展望台「大滝遠望」へ：那智大滝の全景と山々をながめることにより、得たパワーを体にしっかりと吸着できる。

得られる運　浄化　変化運　パワー　★★★★★　和歌山県東牟婁郡那智勝浦町

那智大滝《なちのおおたき》

那智大滝。

和歌山県東牟婁郡那智勝浦町那智山
☎0735-55-0321（熊野那智大社）
JR紀勢本線・紀伊勝浦駅よりバスで30分、「滝前」下車。

京都がこれほど長い間栄え続けている理由のひとつに、南方位にある那智大滝が、浄化と再生の作用を担っていることがあります。それほど強い浄化力が、この地には宿っているのです。

☑得られる運

今までの悪運をすっきりと流し、新たな一歩を踏み出させてくれる。

☑こんな人におすすめ

人生の新たな一歩を踏み出したい人：生まれ変わりたいぐらいの強い思いがあるときにすべての気を流してくれる。

☑おすすめ開運行動

忘れてしまいたい過去の体験や、そのときの感情を思い浮かべながら滝をながめる：過去をきれいに洗い流してくれる上、無意識にためていた悪運までもが浄化されるはず。命や運がよみがえり、新たな一歩を踏み出すことができる。

おすすめの観光スポット

飛瀧神社：熊野那智大社から那智大滝へ向かう途中の別宮。大松明を掲げながら急な階段を駆け上がる勇壮な「那智の火祭」は一見の価値あり。この時期に訪れてみるのもおすすめ。

パワー ☆☆☆☆☆　大阪府門真市

三島《みつしま》神社

浄化作用が非常に高い場所。ここまで強い気を体感できるスポットはまれです。境内に鎮座するクスノキ「薫蓋樟《くんがいしょう》」は大阪府一の巨木とされ、昭和13年に国の天然記念物に指定されています。

神社いっぱいに広がる薫蓋樟。

☑得られる運

強力な浄化作用があり、体にたまった悪運を流し、リセットしてくれる。人生を豊かにする運も。

☑こんな人におすすめ

トラブルを抱えている人、現状を変えたい人、悪運に見舞われている人

☑開運スポットはここ！

とくにパワーが強いのは、神社いっぱいに傘のように広がる「薫蓋樟」のあたり。樹

得られる運　浄化　喜びごと

大阪府門真市三ツ島1374
072-883-0788
大阪市営地下鉄鶴見緑地線・門真南駅より徒歩15分。

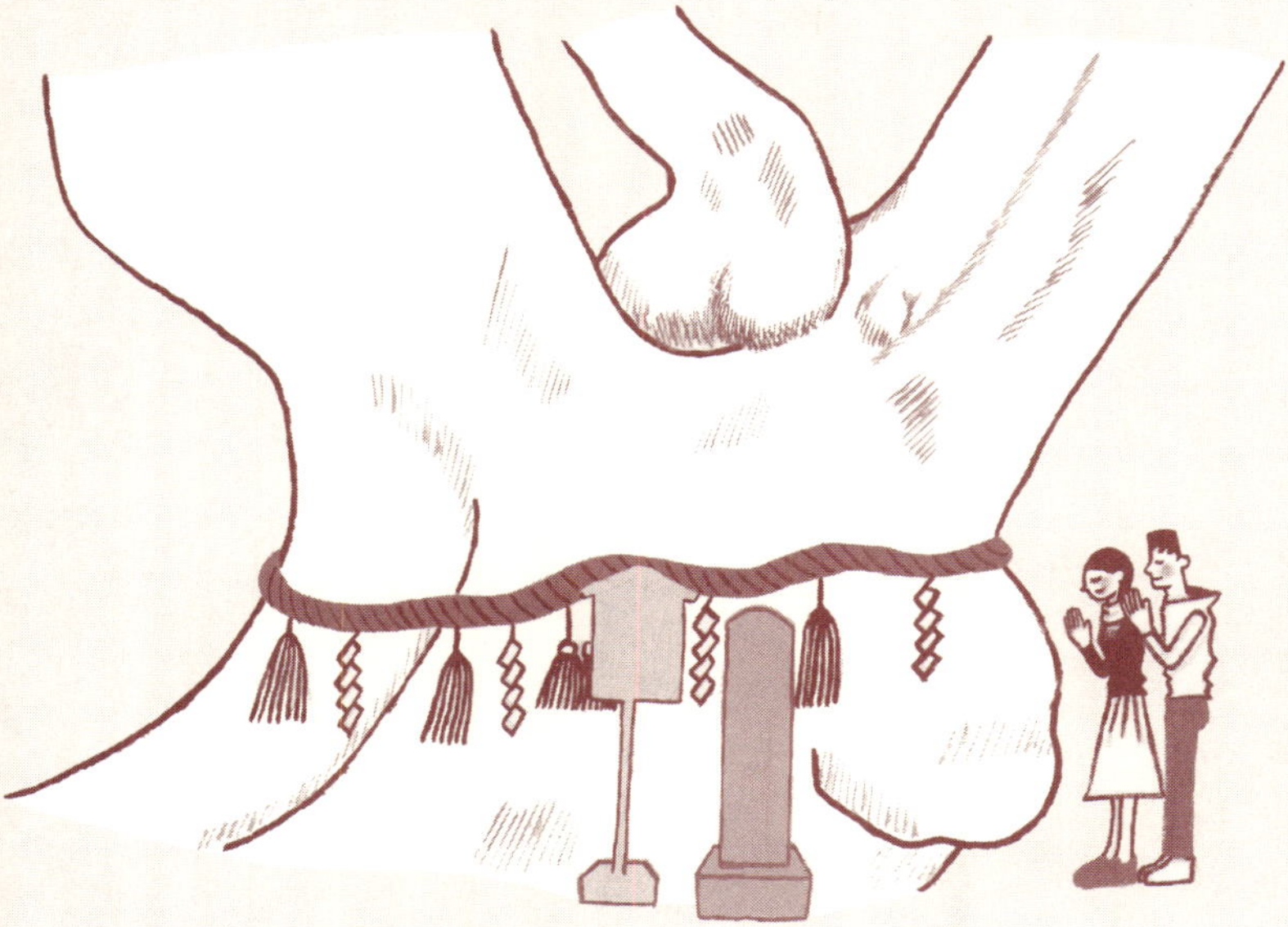

齢は推定1000年以上と言われ、強力な浄化作用をもつ。

☑おすすめ開運行動

薫蓋樟の前で静かにお参りする：気をたっぷりもらって。

☑気をつけたいこと

薫蓋樟には直接触れなくてもご利益がある。木は土から上へ上へと伸びるもの。ただそばに立ってお参りするだけで足もとから浄化されていき、スッキリと悪運を洗い流してくれる。

四天王寺《してんのうじ》

推古元（593）年に聖徳太子が建立した日本初の仏教寺院。日本一の超高層ビル「あべのハルカス」から徒歩約15分の場所にあり、アクセスも便利です。

四天王寺境内図

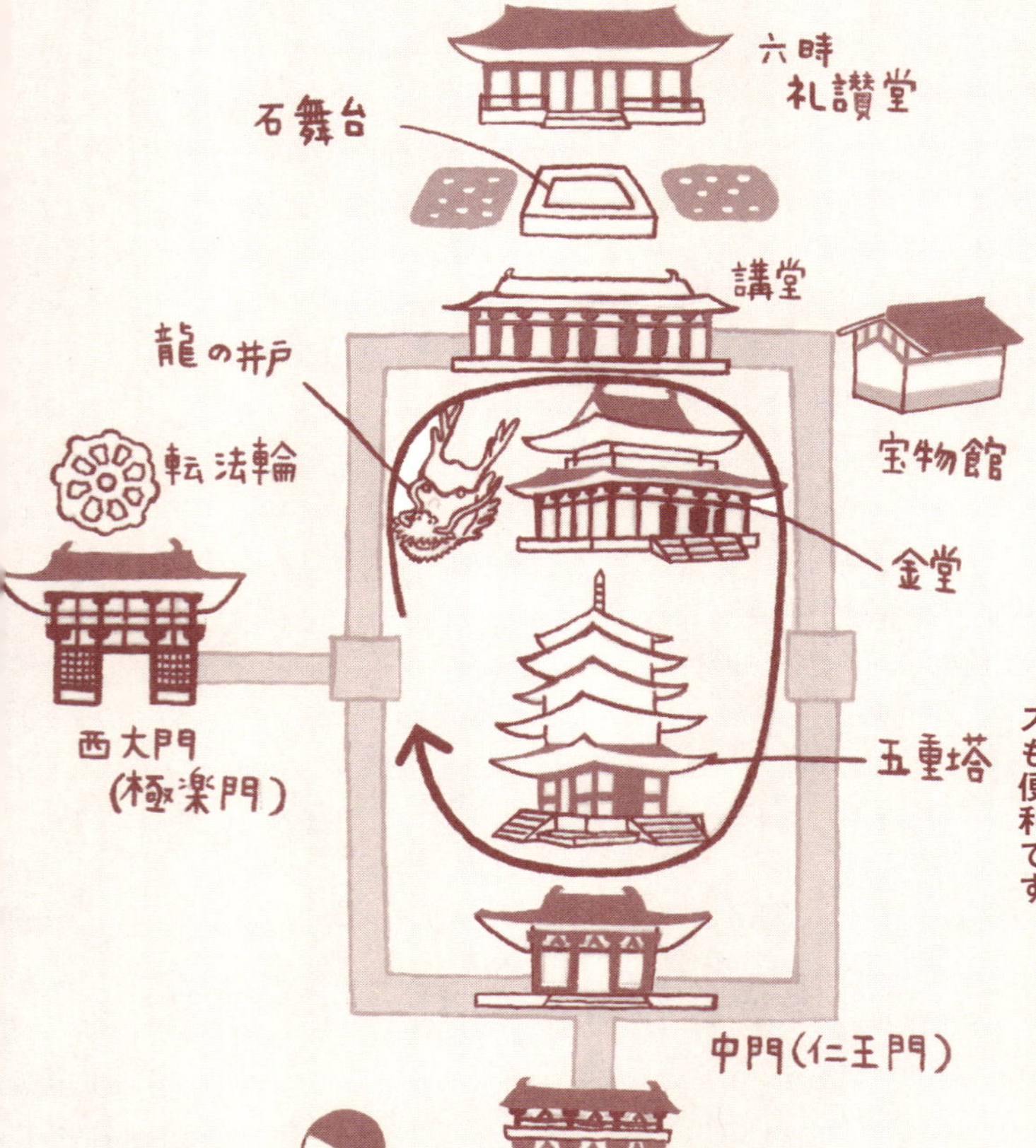

回廊を左回りにめぐって。

転法輪を右に回し、心を清浄にしてから境内へ。

得られる運　金運　喜びごと　仕事運

大阪府大阪市天王寺区四天王寺
1-11-18
☎06-6771-0066
www.shitennoji.or.jp/
JR環状線または地下鉄・天王寺駅より徒歩12分。

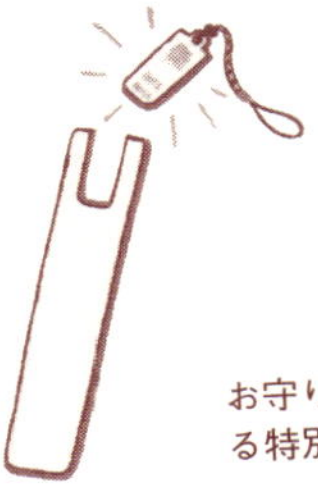

お守りとして持ち帰れる特別護摩木。

☑得られる運

金運、財運、仕事運、楽しく生きる運、自分の幸せを感じられる運、エネルギーを充電する運。

☑こんな人におすすめ

人生をより豊かにエンジョイしたい人、ビジネスをより拡大したい人、活力を取り戻したい人

☑開運スポットはここ！

・回廊
・金堂と宝物館内の仏像の前
・「六時礼讃堂」の前にあり、雅楽などが上演される「石舞台」も良い気が感じられる。

☑おすすめ開運行動

・西大門（通称極楽門）の柱に備え付けられている「転法輪《てんぼうりん》」をガラガラと右に回す。
・講堂、金堂、五重塔の順に、回廊を通ってぐるっと左回りする。

☑気をつけたいこと

井戸の中は陰がたまりやすいため、「龍の井戸」の中はのぞいたりお賽銭を入れたりしないこと。

☑運気が上がるお守り

元三大師護摩供 特別護摩木：通常の護摩木とは違い、願いごとを書いたあと、一部を折り取り、特製のお守りとして持ち帰ることができる。

得られる運 変化運 パワーチャージ パワー ☆☆☆☆ 和歌山県新宮市

神《かみ》倉《くら》神《じん》社《じゃ》

大迫力のゴトビキ岩！

おすすめの観光スポット

- アドベンチャーワールド：子だくさんのパンダで有名。パンダは変化と安定の運気を与えてくれる。
- 湯の峰温泉、川湯温泉、白浜温泉など

和歌山県新宮市神倉1-13-8
☎0735-22-2533（熊野速玉大社）
JR 紀勢本線・新宮駅より徒歩15分。

そばを流れる熊野川の「水」の気と、この土地の地盤となっている岩山の気が合体して、たいへん強いパワースポットになっています。境内は「この世」とは異なる、まるで「天界」のような気が流れています。

☑得られる運

自分を変える運気がある。願いごとを叶えてもらうというよりも、今までの自分を変えたいという思いで訪れるとよい。

☑こんな人におすすめ

どうしても叶えたい強い願いがある人、自分を変えたい人

☑開運スポットはここ！

ゴトビキ岩：階段を上がったところにあり、近づくとドンドンと波打つ鼓動のような熱いエネルギーが感じられる。初めてこの気を体験する人は、やや怖く感じるかも。

☑気をつけたいこと

急な階段を上り下りするため、女性は服装に注意して。靴はスニーカーがおすすめ。

滋賀県大津市 長等山《ながらさん》園城寺《おんじょうじ》（三井寺《みいでら》）

パワー ☆☆

得られる運 ♥恋愛運 定着の運気

滋賀県大津市園城寺町246
☎077-522-2238 www.shiga-miidera.or.jp
JR琵琶湖線・大津駅からバスで15分、「三井寺」下車。

☑得られる運：ようやく安定がつかめたとき、幸せな結婚生活を末永く続けたいときなどにおすすめ。体に良い運気を定着させて、安定した人生に導いてくれる。

☑開運スポットはここ！
「閼伽井屋（おかいや）」：ここから湧き出す水はその昔、天智・天武・持統の三帝が産湯に用いたという霊泉。清水に触れることはできないが、噴き上がる気は感じられる。運気の吸着率が高まるので、必ず立ち寄って。

滋賀県大津市 日吉大社《ひよしたいしゃ》

パワー ☆

得られる運 出世運 変化運

滋賀県大津市坂本5-1-1
☎077-578-0009
http://hiyoshitaisha.jp/
京阪電鉄・坂本駅より徒歩10分。

☑得られる運：豊臣秀吉、徳川家康も崇めたといわれる由緒ある神社。一発逆転、運気を一気に引き上げたい人に力を与えてくれるスポット。

☑開運スポットはここ！
西本宮の前や裏手あたり

☑運気が上がるお守り：神様の使いである神猿（まさる）を大切にしている神社なので、神猿をモチーフにしたお守りや鈴、神猿みくじなどを買い求めては。

日吉大社の神猿みくじは、猿をかたどった焼き物の中に入っている。

滋賀県大津市 建部大社《たけべたいしゃ》

パワー ☆☆☆　得られる運 …光のパワーを得る

滋賀県大津市神領1-16-1
☎077-545-0038　http://takebetaisha.jp/
JR 琵琶湖線・石山駅よりバスで10分、「建部大社前」下車。

☑**得られる運：**日本武尊（やまとたけるのみこと）を武の神としてまつり、1300年以上の歴史を持つ。心に光を与えてくれるパワースポット。やさしい空気に包まれており、心の曇りやマイナスな考え方を明るい光の方向へと導いてくれる。進むべき道をポッと照らしてくれるパワースポット。

☑**こんな人におすすめ：**対人関係に悩んでいる人、物事をネガティブに捉えがちな人、人生に迷いがある人

☑**開運スポットはここ！**
神門の付近と拝殿の前、境内の三本杉の付近。

☑**おすすめ開運行動**
入り口にある神門の御神燈の下にしばし佇む。強いパワーを感じることができる。三本杉と本殿を背に写真を撮る。春は桜をながめながらゆったり過ごすのがおすすめ。

建部大社神門。

京都府八幡市 石清水八幡宮《いわしみずはちまんぐう》

パワー ☆☆☆　得られる運 仕事運　変化運

京都府八幡市八幡高坊30
☎075-981-3001　www.iwashimizu.or.jp
京阪電鉄・八幡市駅より男山ケーブルで3分、「男山山上駅」下車、徒歩5分。

☑**得られる運：**石清水八幡宮は天王山と男山にはさまれて建つ「下院」と、男山頂の「上院」からなる神社で、男山は秀吉と明智光秀の戦いで有名な「天下分け目の天王山」と相対する山。物事を整理し、正しい方向に導く。

☑**こんな人におすすめ：**新しく事業などを興す人、今までの自分と決着をつけたい人

☑**開運スポットはここ！**
本殿へ続く道と本殿前

京都府京都市 知恩院《ちおんいん》

パワー ☆☆☆ 得られる運 浄化 やる気

京都府京都市東山区林下町400
☎075-531-2111 www.chion-in.or.jp
JR 京都駅よりバスで23分、「知恩院前」下車、徒歩5分。

☑**得られる運：**心の中に澱のように溜まっていた怠け癖を消し、やる気を与えてくれるスポット。

☑**開運スポットはここ！**
三門の先の階段のあたり：流れる気が強く、階段を上るうちにふつふつとやる気が湧いてくる。

☑**おすすめ開運行動**
階段の途中で写真を撮ったり、しばらく立ち止まって深呼吸をすると、上昇の気の定着力がアップ！

知恩院の七不思議「抜け雀」。菊の間の襖に描かれていた雀が、外に飛んでいってしまったと伝えられている。

奈良県吉野郡 吉野神宮《よしのじんぐう》

パワー ☆☆ 得られる運 ♥恋愛運 浄化

奈良県吉野郡吉野町吉野山3226
☎0746-32-3088
近鉄・吉野神宮駅より徒歩20分。

☑**得られる運：**浄化の気が強く、女性は恋愛にともなう悲しみや不安などのストレス、男性は職場や仕事のストレスを癒してくれる。
忘れられない嫌な思い出を流し、新しい自分に変えてくれるスポット。「水」の気がたいへん強く、桜の開花時期は愛情運がさらにアップ。

☑**おみやげ：**吉野葛を使った桜形の葛菓子は、日もちもするのでおみやげに最適。

大阪府東大阪市 枚岡神社《ひらおかじんじゃ》

パワー ☆☆ 得られる運 変化運

大阪府東大阪市出雲井町7-16
☎072-981-4177
hiraoka-jinja.org
近鉄奈良線・枚岡駅より徒歩1分。

☑**得られる運：**境内を流れるやさしい気が、内向きに閉ざしている心を開いてくれる。つらいことにとらわれて心がかたくなになり、前に進めなくなっているときに、癒しを与えてくれる。

☑**開運スポットはここ！**
本殿の前と本殿に向かって右側のあたり

☑**おすすめの観光スポット**
枚岡梅林：境内の一角を占める梅の名所で、開花時期には紅と白の梅の花が咲き揃う。梅は見る人の運を浄化してくれる。

大阪府大阪市 住吉大社《すみよしたいしゃ》

パワー ☆☆☆ 得られる運 仕事運 やる気

大阪府大阪市住吉区住吉2-9-89
☎06-6672-0753
www.sumiyoshitaisha.net
南海本線・住吉大社駅より徒歩3分。

☑**得られる運：**大阪湾のそばに位置し、江戸時代は海運業者からあつい信仰を集めた神社。朱塗りの柱と白壁のコントラストが美しいご本殿は、国宝。やる気、行動力、企画力をアップさせるパワーがある。

☑**こんな人におすすめ：**クリエイターや、企画を立てる部署にいる人

☑**おすすめ開運行動**
心の中でしっかりと願いごとを伝える。

住吉大社境内で、「五」「大」「力」と書いてある石を探そう！　3つ一組でお守りに。

和歌山県新宮市 熊野速玉大社《くまのはやたまたいしゃ》

パワー ☆☆☆ 得られる運 ♥恋愛運 ⋯人間関係運

和歌山県新宮市新宮1
☎0735-22-2533
www.kumanokaido.com/hayatama
JR 紀勢本線・新宮駅より徒歩15分。

☑**得られる運：**全国熊野神社総本宮、熊野三山の一社で熊野川の河口に建つ神社。「水流環包」と呼ばれる、川の流れがぐるりとカーブした地形から生まれたパワースポット。恋愛運をはじめとして、出会いや人間関係など、人とつながる運気がある。

☑**開運スポットはここ！：**拝殿の前がとくにパワーが強いエリア。ゆっくり滞在して運気をもらって。

兵庫県宍粟市 伊和神社《いわじんじゃ》

パワー ☆☆☆ 得られる運 変化運

兵庫県宍粟市一宮町須行名407
☎0790-72-0075
JR 姫路駅よりバスで1時間20分、「一の宮伊和神社」下車。

☑**得られる運：**どちらの方向に進んだらよいか迷っているときに決断を与えてくれ、変わりたいときに導きをもらえる。

☑**開運スポットはここ！：**神から遣わされた鶴が舞い降りたという伝説のある「鶴石」と、参道脇の木々のあたりが､とくにパワーが強いスポット。

☑**おすすめ開運行動：**陰と陽のバランスが天気や時間によって変化する土地なので、できれば晴れた日の午前中に訪れたほうが、良い気がもらえる。

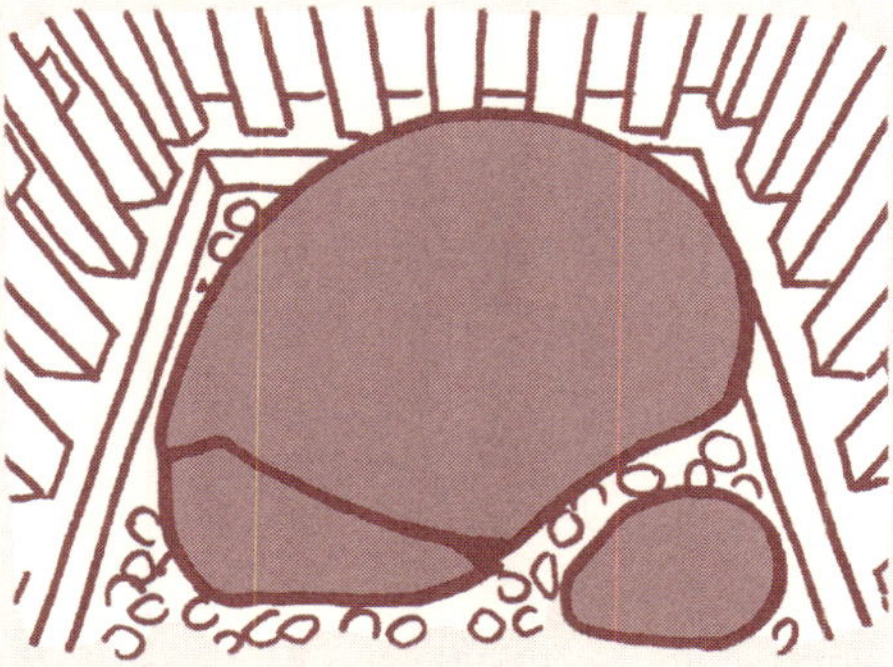

ご神託とともに鶴が舞い降りたと言われる「鶴石」。

「瑞兆」について

パワースポットを訪れたとき、ふだん起こり得ないような自然現象に出合うことがあります。これを風水では「瑞兆」と呼びます。

それは土地が、人生を大きく変えるほどのすばらしい出来事が起こることを知らせてくれるサイン。

瑞兆に出合うと、それから３か月〜半年の間に人生を好転させるきっかけが訪れます。

瑞兆はごくまれにしか起こらない現象ですが、皆さんからのご質問も多いので、私が知っている実例の中から、ある女性の話をご紹介します。

その人はごく普通のＯＬの方で、初夏の晴れた日に、この本でもご紹介しているある神社へ出かけられました。そこで、実際に起きたことなのですが、突然、自分の周りにだけ雪が舞い始め、それが３分間ほど続いたあと、またもとの晴天に戻ったという不思議な自然現象（＝瑞兆）に出合ったそうです。

それから約３か月後、旅行で出かけた海外で、自分が理想とする男性と出会い、結婚へ。そして、ご主人の援助により始めた仕事がきっかけで、今では事業家として大成し、ご主人とお子さんたちと幸せな家庭を築かれています。

このように、その人の人生が良い方向に大きく変わることを知らせてくれるのが「瑞兆」です。

ただ、この現象はパワースポットへ頻繁に出かけたら必ず訪れるというものではなく、天からの声を、土地が伝えるべき人だけが出合える現象です。

瑞兆に出合ったら、心をクリアにして、訪れる運気を楽しみに待ちましょうね。

第6章

中国・四国地方

吉《き》備《び》津《つ》神《じん》社《じゃ》

参道の石段には、虹色の気が満ちている。

おみやげには桃守ストラップを。

おすすめの観光スポット
昔話の「桃太郎」とゆかりが深く、境内のあちこちに伝説にちなんだ遺跡が見られる。

岡山県岡山市北区吉備津931
☎086-287-4111　kibitujinja.com
JR 吉備線・吉備津駅より徒歩10分。

この土地は現在、たいへんパワーが上がっていて、とくに女性との相性がよくなっています。拝殿に向かう石段で写真を撮ったり深呼吸をすると、気の吸収力がアップします。

☑得られる運

恋愛運、ビューティ運、現金収入運を高め、人生を豊かにする運気をくれるパワースポット。知識を高めるパワーもあるので、学業運にも富んでいる。とくに女性におすすめ。

☑こんな人におすすめ

人生全般に幸せをもたらしたい人

☑開運スポットはここ！

・拝殿と拝殿に続く石段のあたり：石段は一段上るたびに気が上がっていくのを感じ、やる気が高まる。なか

吉備津神社境内図

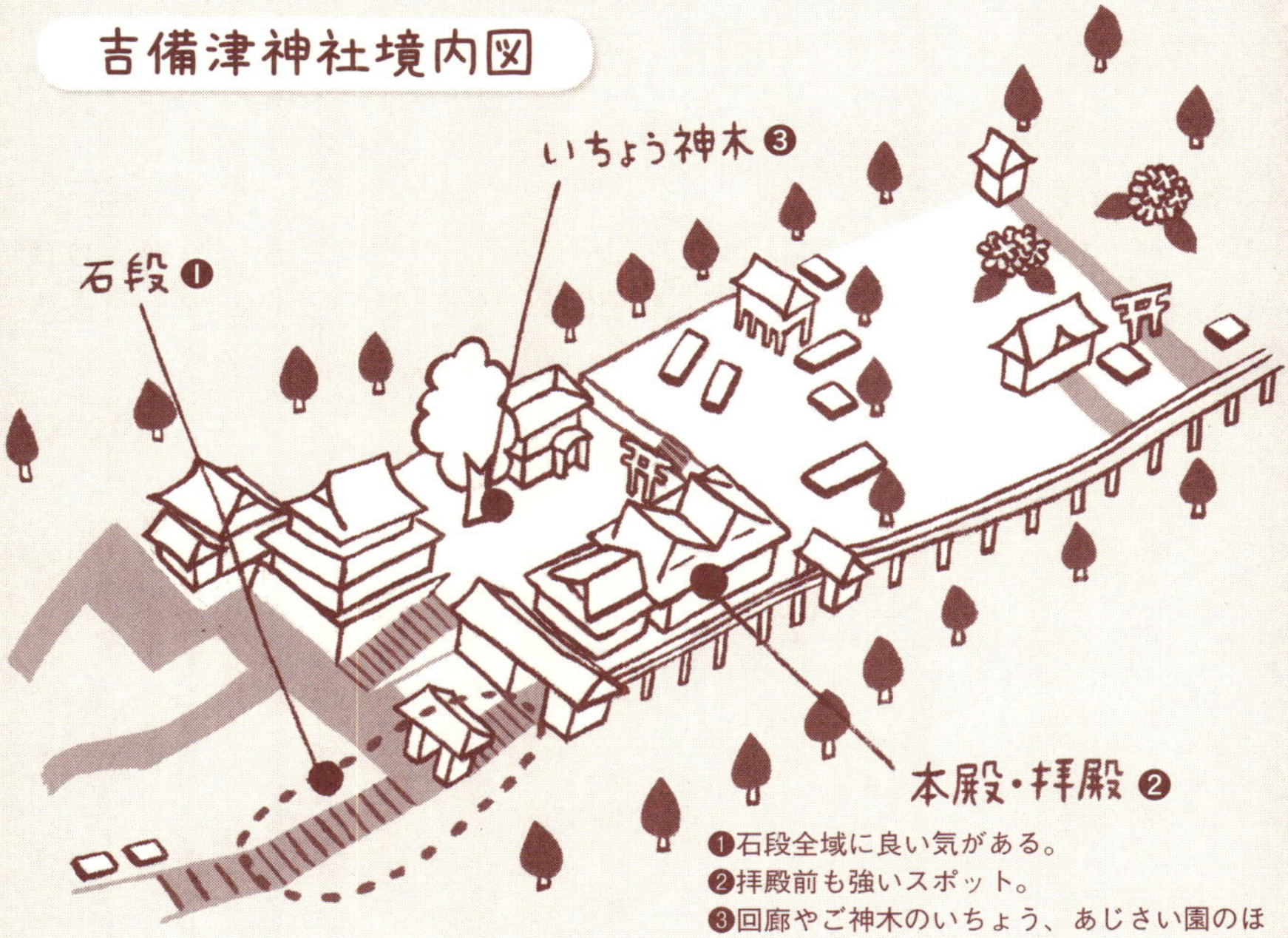

❶石段全域に良い気がある。
❷拝殿前も強いスポット。
❸回廊やご神木のいちょう、あじさい園のほうにも足を運んで。

には、虹色のオーラが見える人も。

・拝殿前
・いちょうのご神木のあたり

☑おすすめ開運行動

・パワーの強いスポットで写真を撮ったり深呼吸をする：気の吸収力がアップ。
・恋愛運がほしい人は、えびす宮、回廊、あじさい園のほうまで一周する：気は境内をぐるっと循環していて、ピンク色のオーラが強くなっている。

☑運気が上がるお守り

桃守ストラップ：恋愛運を強力に呼び込む。

パワー ☆☆☆☆　岡山県岡山市

吉備津彦神社《きびつひこじんじゃ》

「金」の気と「土」の気を現すグリーン系の色のオーラが強く、愛情運や金運、安定・継続の運気があふれています。豊かな気持ちで歩くと、より多くのパワーをもらえます。

☑得られる運

愛情運や金運、安定・継続の運気があふれている。

☑こんな人におすすめ

今やっていることをより強固にしたい人

☑開運スポットはここ！

・随神門をくぐり、拝殿に向かう道：ふんわり温かい気が流れ、拝殿まで続

吉備津彦神社境内図

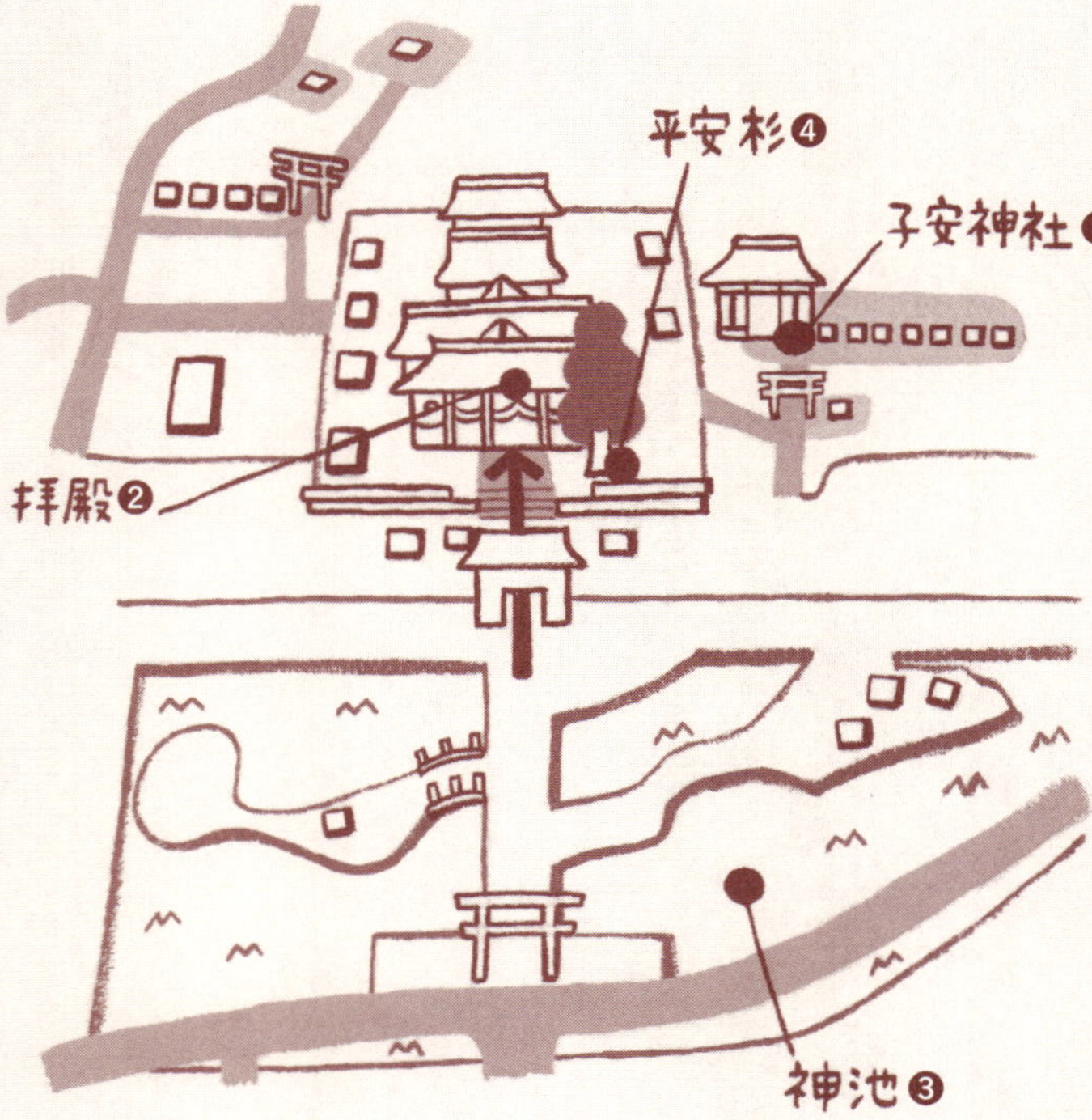

得られる運　♡愛情運　金運　安定・安泰運／継続運

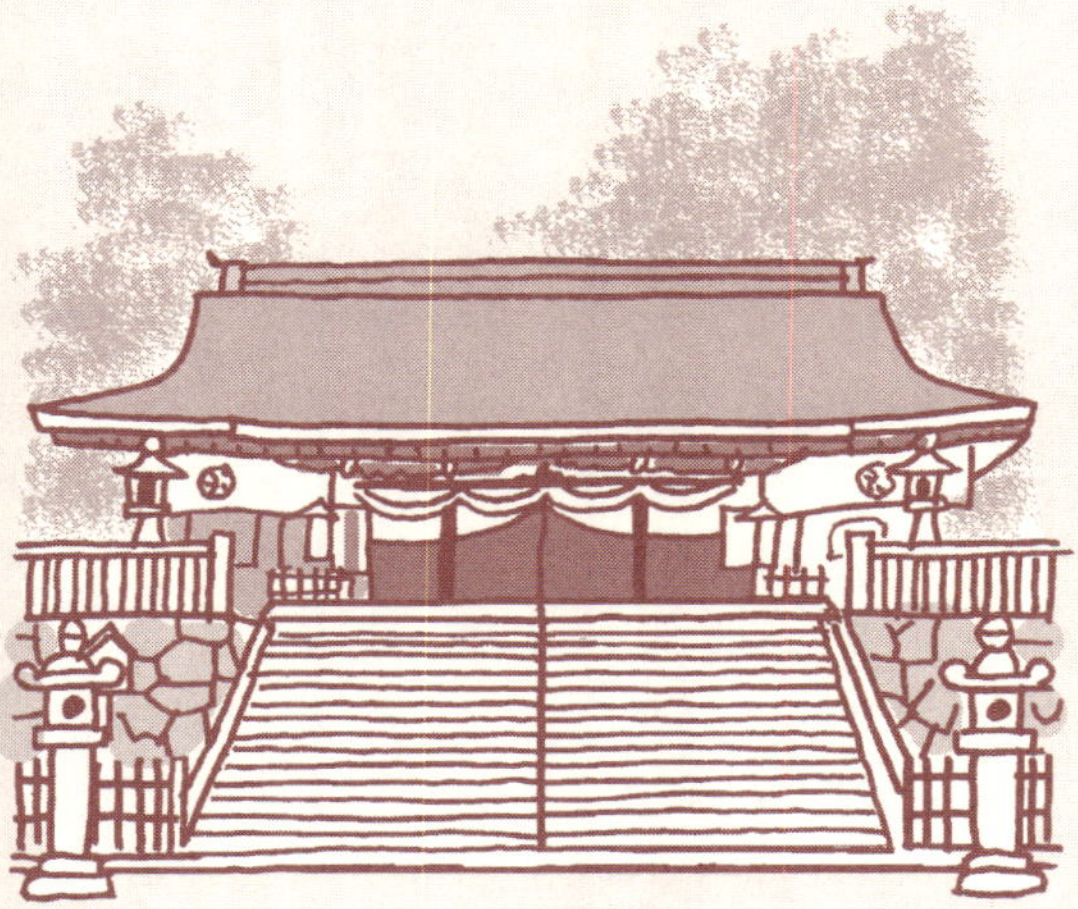

拝殿。

桃の絵馬を書くとラッキー。

おみやげ
岡山名物「きび団子」：マスカット味、白桃味、チョコ味など変わり種も。きびがもっている運気は、浄化と行動。

岡山県岡山市北区一宮1043
☎086-284-0031
www.kibitsuhiko.or.jp
JR 吉備線・備前一宮駅より徒歩3分。

❶恋愛運がほしい人は子安神社へ。
❷拝殿前と、拝殿に向かう道がラッキーなスポット。
❸神池を見ると金運をもらえる。
❹平安杉にはパワーがある。

いている。

・拝殿前
・子安神社
・神池
・平安杉

☑おすすめ開運行動

・この地に来られたことを感謝しながら、おおらかな気持ちで歩く：土地の気がその気持ちを受けて、より多くのパワーを分けてくれる。

・桃の形をした絵馬に、願いごとを書き記す：言霊をその土地に残すことで、願いごとが叶いやすくなる。

パワー ★★★★★

鳥取県西伯郡大山町

大神山神社《おおがみやまじんじゃ》奥宮《おくみや》

神門へと続く石段。

強いカリスマ性をもつ大山《だいせん》の生気を受けとめていることから、大山の生気が凝縮し、みなぎっています。

☑得られる運

人を魅了する運、新展開へのきっかけを与えるといったパワーがある。悪運を落とし、体の細胞を活性化させてくれる、目覚めのスポットでもある。

☑こんな人におすすめ

カリスマ性を得たい人、知名度を上げたい人、部下を指導する立場の人、自分自身を強くしたい人、リセット、リニューアルの気がほしい人、

得られる運　出世運　ステイタス運　変化運　浄化　成功運　発展運

運気のベースを強くしたい人

☑開運スポットはここ！

鳥居の先に続く長い参道を歩く：歩いているうちに体の中の悪運がどんどん落ちて、浄化されていく。これまで眠っていた細胞が活性化していく「目覚め」を感じる人も。ゆっくりと歩いて気を吸収して。

☑気をつけたいこと

大きな自然石を敷き詰めた参道は凹凸があるので、足もとに注意。ヒールではなく、底が平らな靴がおすすめ。

自然石が敷きつめられた参道をゆっくり歩く。

おすすめの観光スポット

県内のあちこちに湧く温泉：温泉にはその土地の生気がとけ込んでいるので、時間に余裕があればのんびり体を休めて、気をしっかりと取り込んで。

おみやげ

湧き水：参道沿いにあるご神水をはじめ、大山や中国山地の雪解け水によるおいしい湧き水をくんで帰って。また、ペットボトルに入って売られているいろいろなブランドの名水も、その場で飲むのはもちろん、おみやげに買い求めて料理や洗顔に使うのもおすすめ。

鳥取県西伯郡大山町大山
☎0859-52-2507
JR山陰本線・米子駅よりバスで50分、「大山寺」下車、徒歩15分。

パワー ☆☆☆☆

島根県出雲市

出雲大社《いづもおおやしろ》

出雲大社の拝殿。

「風」の気が上空の高いところでくるくると回りながらとどまり、強いパワーを発しています。発掘調査によって高さ48メートルもの巨大神殿があったことが証明されましたが、この神殿は上空の「風」の気をキャッチするために、高くそびえたっていたのかもしれません。

☑得られる運

あらゆる物事との出会いを運ぶパワーがあり、恋愛の出会いのほか、新しい生活との出会い、仕事の出会いなど、さまざまな縁を結んでくれる。後々の人生で「あの人と出会ったことで今の自分がある」と思えるような、キーパーソン的な人との出会いも。

☑こんな人におすすめ

縁の運気全般がほしい人

得られる運　♥恋愛運　！チャンス　出会い運　結婚運

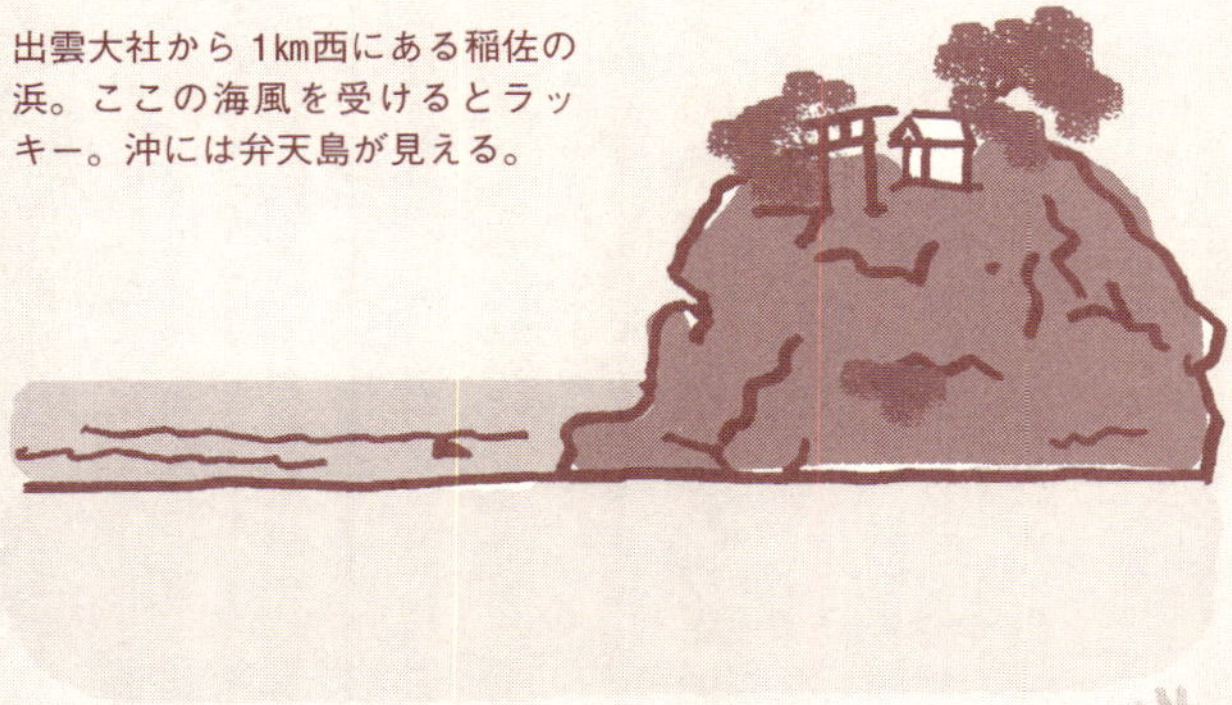

出雲大社から1㎞西にある稲佐の浜。ここの海風を受けるとラッキー。沖には弁天島が見える。

出雲そばは、小さく平らな器に入った「割り子そば」が有名。薬味のバリエーションが楽しめる。

おすすめのグルメ
出雲そば：出会いに関する運を高める。

島根県出雲市大社町杵築東195
☎0853-53-3100
www.izumooyashiro.or.jp
一畑電鉄・出雲大社前駅より徒歩7分。

☑開運スポットはここ！

・境内の上空
・神楽殿のしめ縄の下

☑おすすめ開運行動

・風を受けるような気持ちで空を見上げる：上空をくるくると回っている「風」の気のパワーが吸収できる。
・出雲大社の西にある「稲佐の浜」で風を受け、体に「風」の気を定着させたあとに出雲大社を訪れる：効率よく風の気を吸収できる。

得られる運 ♥恋愛運 ♡愛情運 ✦ビューティ運 パワー ☆☆☆☆ 島根県松江市

八重垣神社《やえがきじんじゃ》

おすすめの観光スポット
宍道湖：宍道湖のほとりから見上げる大山は崇高なまでの美しさで、強いパワーを感じられる。

おすすめのグルメ
宍道湖名物のシジミ：浄化の運気が高まる。

島根県松江市佐草町227
☎0852-21-1148
JR山陰本線・松江駅よりバスで25分、「八重垣神社」下車。

「水」の気に満ちたスポットです。「水」の気は女性に強く作用しますが、この土地は男性の恋愛運にも強く力を与えてくれます。

☑得られる運

「水」の気がたいへん強く、縁をつくる、恋愛体質になる、恋愛を充実させる、恋愛を継続させるなど、恋愛に関するすべての運を授けてくれる。

☑こんな人におすすめ

恋愛運がほしい女性、女性との付き合い方がわからない、付き合っても長続きしない男性

☑開運スポットはここ！

・拝殿
・「佐久佐女《さくさめ》の森」：中に入ると道が分かれているので、左側の道を進んで。いっそうのパワーを吸収できる。
・「鏡の池」：ご祭神の稲田姫命《いなだひめのみこと》が、自らの姿を映したという池。水面に自分の姿を映すことで美人度がアップし、恋愛運も高まる。

恋人と巡り会う時期、結婚できる時期を知りたい人は、鏡の池の「縁占い」に伺いを立ててみては。和紙を池に浮かべて、縁の時期を判断する。

得られる運　♥恋愛運　金運　…玉の輿運　パワー　☆☆☆☆☆　島根県松江市

熊野大社《くまのたいしゃ》

島根県松江市八雲町大字熊野2451
☎0852-54-0087
www.kumanotaisha.or.jp
JR山陰本線・松江駅よりバスで35分、「熊野大社」下車。

鳥居から随神門を望む。

人生に楽しみごとを与えてくれる「陽」の気がたいへん強いスポットです。境内を流れる気は懐の深さが特徴的です。

☑得られる運

強力な金運、それも小さなお金ではなく、財産になるほどの大きな金運。女性の場合は玉の輿運。

☑こんな人におすすめ

マルチな運、とくに縁とお金に関する運がほしい人

☑おすすめ開運行動

ゆっくりと時間をかけて歩く。全域がパワースポットになっており、包容力と芯の強さを備えた「理想の男性」のような気を十分に体感して。

☑気をつけたいこと

この土地の気は、嫉妬深い人や、心が暗い人を嫌う。来られたことに心から感謝し、清らかな気持ちでお参りすること。そうすることで土地の気があなたに好感を抱き、願いを叶えるためのパワーを与えてくれる。

☑運気を上げるお守り

「縁結びの櫛」：ご祭神の素戔嗚《すさのを》尊《みこと》が八岐大蛇《やまたのおろち》と戦うときに櫛稲《くしな》田姫《だひめ》を櫛に変えて髪にさし、立ち向かったという伝説にちなんだ丸くてかわいらしい櫛。縁がほしい人は自分のお守りにするとよい。

パワー ☆☆☆☆ 愛媛県今治市

大《おお》山《やま》祇《づみ》神《じん》社《じゃ》

境内中央にあるご神木のクスノキは、超巨大！

もともとは「火」の気が強く、出世運や勝負運など、人生を勝ち抜く運気を与えてくれるパワースポットでした。ところが最近は、気の変動からか、愛を得たり、愛を育むパワーも与えてくれるスポットになってきています。

☑得られる運

人生を勝ち抜く運気と、愛を育んだり、安定させるパワーを与えてくれる。ステイタス運、玉の輿運も。

☑こんな人におすすめ

何かを生み出したい人

☑開運スポットはここ！

・拝殿前：広範囲に流れていて、びりびりと感じるほど強い気がある。

・大楠のあたり

得られる運　出世運　♥恋愛運　勝負運／玉の輿運　♡愛情運

宝物館には日本で唯一の
女鎧が残っている。

おすすめの観光スポット

- 境内にある宝物館や国宝館：珍しい刀剣や甲冑などの武具類が納められており、その収蔵量は日本一とか。歴史好きの人は、ぜひ立ち寄って。
- 道の駅「しまなみの駅御島」：帰りにショッピングや食事を楽しんで。大三島のみかんジュースやみかんのゼリーなど、おいしい名産が盛りだくさん。

愛媛県今治市大三島町宮浦3327
☎0897-82-0032
JR予讃線・今治駅よりバスで１時間、「大山祇神社前」下車。

しまなみ海道のおみやげといえば、
ゆずこしょうせんべいやみかんのゼリー、そして「伯方の塩」。

伊《い》豫《よ》豆《ず》比《ひ》古《こ》命《のみこと》神社

拝殿。

通称「椿神社」と呼ばれ親しまれています。心が和み癒されるパワースポットです。全域にわたりマイナスのパワーが存在しない類いまれな神社。どこへ行っても良い気をいただくことができます。

☑得られる運

トラブルや悩み、悪運などのマイナスを消してリセットしてくれる。人とのご縁を生み出す力があり、万能運ともいえる。

☑こんな人におすすめ

問題を抱えている人、良縁に恵まれたい人、商売をさらに繁盛させたい人

得られる運　★全体運　浄化　出会い運　♥恋愛運　結婚運

愛媛県松山市居相2-2-1
☎089-956-0321
http://www.tubaki.or.jp/
アクセス方法はホームページ参照
（「椿神社」で検索）。

冨久椿。

諸願成就絵馬。

☑**開運スポットはここ！**

・入って正面の拝殿前付近：ふわっと心が和む、温かい気を感じるエリア。

・「潮鳴石《しおなるのいし》」：社殿内庭神苑にある。ヒーリングスポットのひとつ。

☑**おすすめ開運行動**

境内にある椿の木々をながめ、ゆっくりと気を吸収しながら散策する。

☑**運気が上がるお守り**

・「諸願成就《しょがんじょうじゅ》絵馬」：椿の形が見た目にもかわいい。赤の絵馬には恋愛運・ビューティ運アップ、白の絵馬には金運・仕事運アップの願いごとを書いてみては。

・福を招くお守りとして親しまれる「冨久椿」もおすすめ。

パワー ☆☆☆☆☆ 愛媛県西条市

石鎚《いしづち》神社

石鎚神社境内図

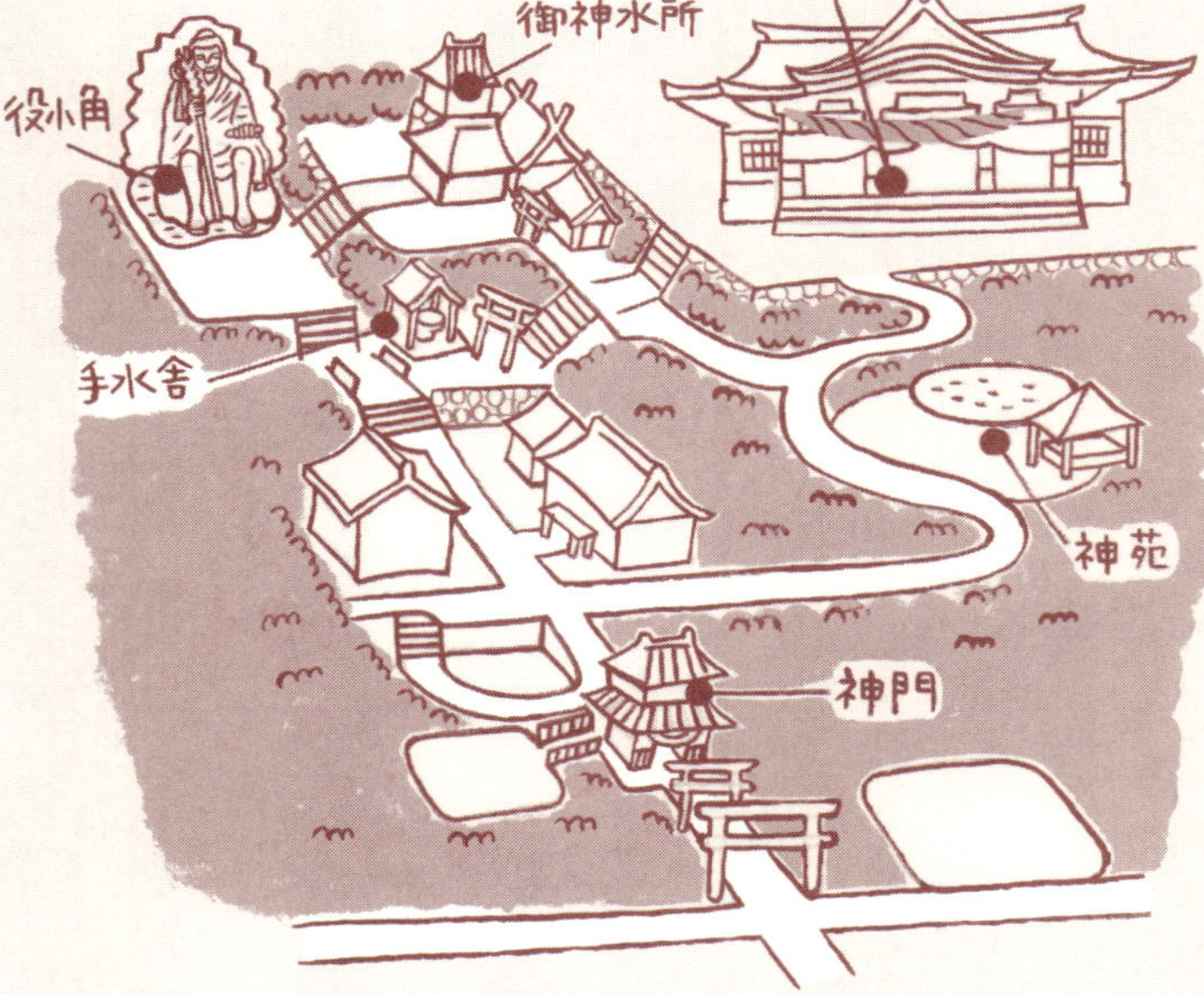

約1300年前に役小角《えんのおづぬ》により開山された石鎚山を神体山とする神社です。石鎚山は富士山や立山などと並ぶ日本七霊山の一つ。古代から霊山として信仰される西日本一の高峰です。

☑得られる運

自分が今もっている運や能力を補強し、底上げしてくれる。心身浄化、癒しの運気も。

☑こんな人におすすめ

自分の能力をより向上させたい人、もっと才能を伸ばしたい人

☑開運スポットはここ！

正面の鳥居をくぐり、仁王像の代わりに大天狗・小天狗が両側を守る神門のあたりから浄化やパワーチャージが始まる。本殿までの階段、本殿の中央で強い気を感じられる。

得られる運　↺浄化　⋯能力向上／癒し

愛媛県西条市西田甲797（本社）
☎0897-55-4044
http://ishizuchisan.jp/
JR予讃線・西条駅より車で15分。

石鎚神社神門。

役小角にお参りを。

☑おすすめ開運行動

手水舎からまっすぐ進んだ先の池に鎮座する役小角にお参りし、身を清める。本殿に行く手前で、ご神水をいただく。ジュエリーの浄化にもおすすめ。

☑気をつけたいこと

石鎚神社は、本社、成就社、頂上社とあり、頂上社を目指すには急斜面を登り計230メートルの鎖をつたうハードな道のりとなる。本社だけでも強い気を得られるので、無理はしないこと。

☑運気が上がるお守り

開運小槌：拝殿の前に置いてある、体にあてて病気をしないように願う小槌を模したお守り。形がかわいいので求めてみては。

パワー ★★★★★

高知県高知市

土佐神社《とさじんじゃ》

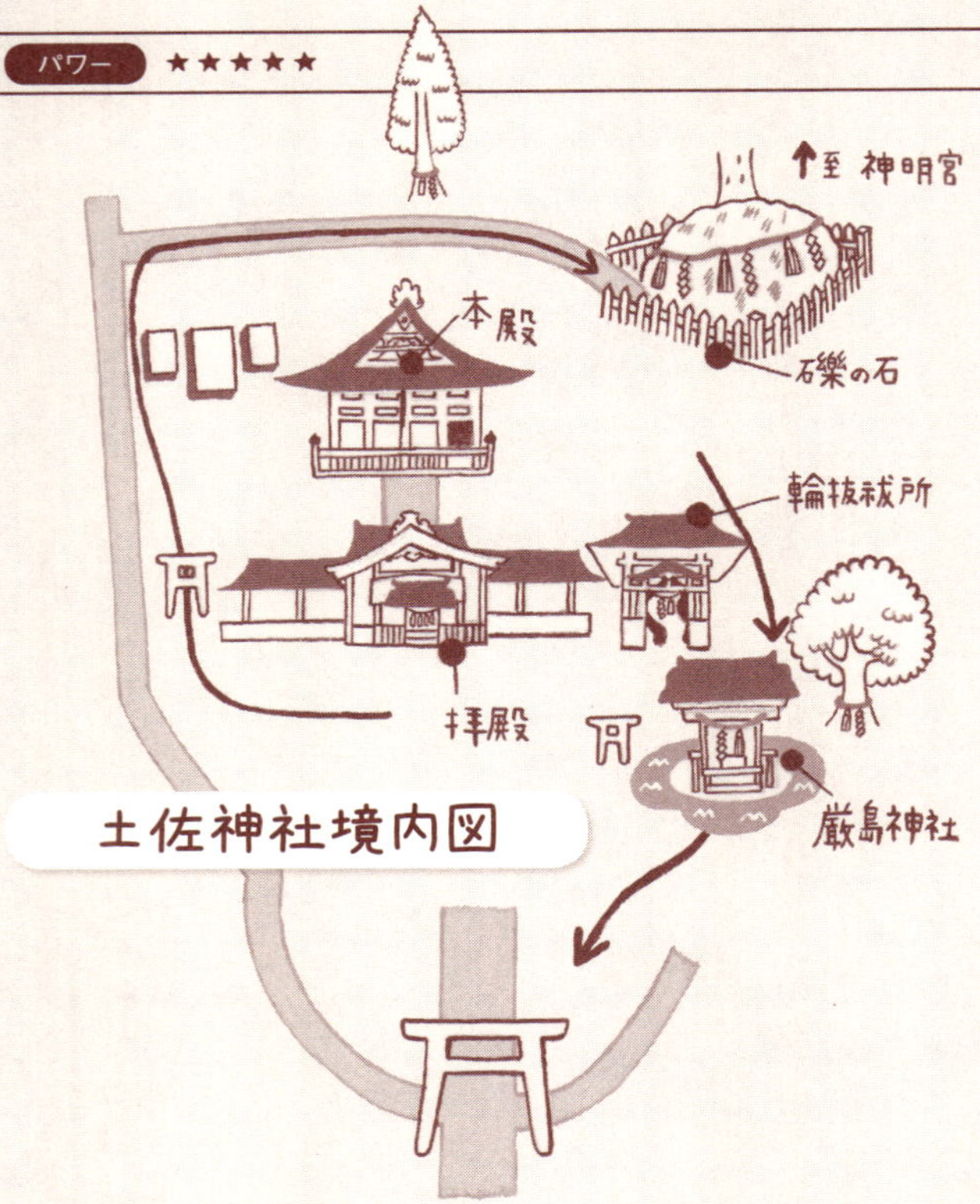

NHKの大河ドラマ『龍馬伝』のロケ地になったことでも有名な、土佐を代表する大社です。国重要文化財の鼓楼と楼門はいずれも土佐二代藩主山内忠義の建立したもの。

☑得られる運

訪れる人が進むべき道を示してくれる。細胞が活性化し、やる気を引き起こす。恋愛運、新しいチャンスを開いてくれる運、これから良い方向へ変化し上昇していく運。とくに男性に良い運気。

☑こんな人におすすめ

新たな一歩を踏み出したい人、チャンスをものにしたい人、進むべき道に迷っている人、モチベーションを上げたい人

得られる運　⋯道が開ける／やる気　浄化　変化運　恋愛運　チャンス

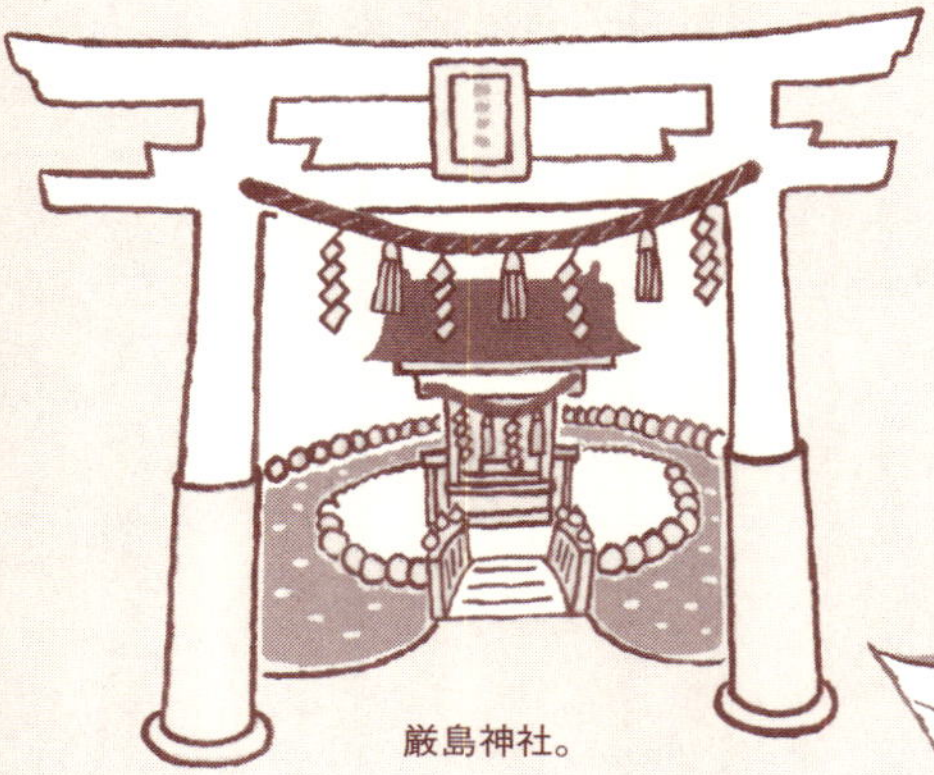

厳島神社。

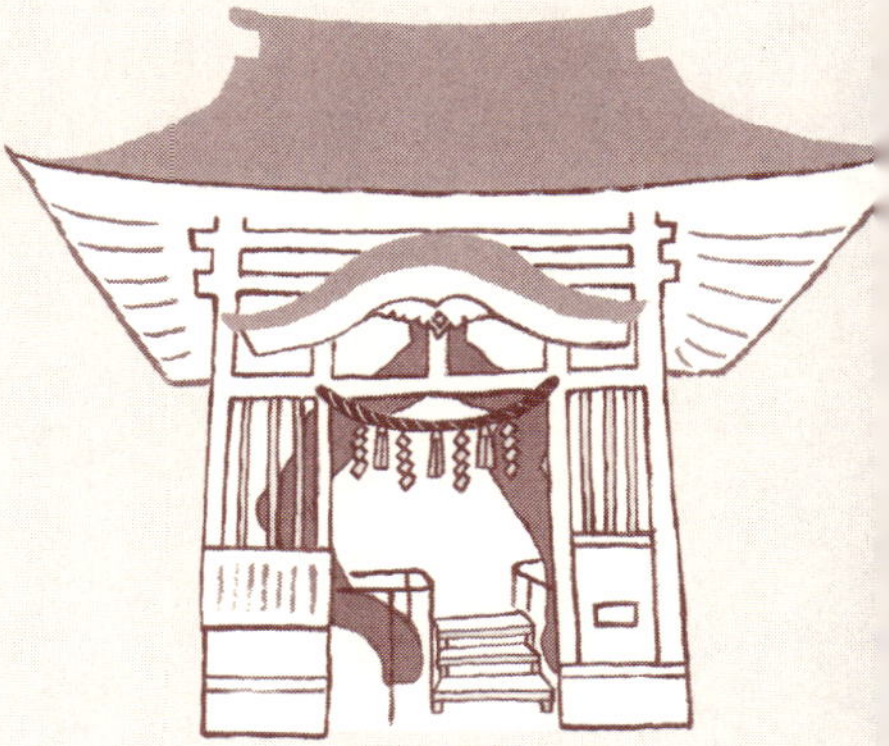

輪抜祓所。

高知県高知市一宮しなね2-16-1
088-845-1096
http://www.tosajinja.i-tosa.com/
JR土讃線・土佐一宮駅より徒歩約15分、
またはバス「一宮神社前」下車。

☑開運スポットはここ！

・本殿の前と中：荘厳な雰囲気を放つ。
・本殿裏手のご神木
・神饌所のあたり
・厳島神社：縁結びのご利益がある。
・「礫《つぶて》の石」の前

☑おすすめ開運行動

・しなねの森めぐり：鳥居をくぐり、境内をぐるりと左回りで5～10分かけてまわる。
・「輪抜祓所《わぬけはらいしょ》」の輪を抜ける：心身が祓い清められる。左・右・左と抜ける。

☑気をつけたいこと

「礫《つぶて》の石」には直接手を触れないこと。バチがあたる。

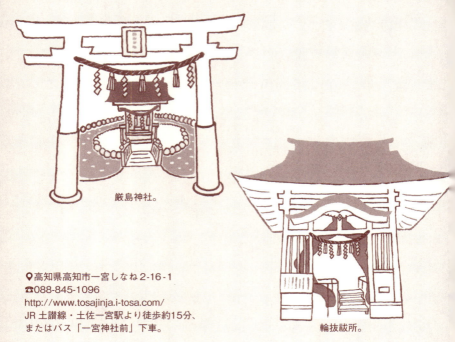

得られる運　☺喜びごと　金運　現実的なパワー　パワー　☆☆☆　香川県仲多度郡琴平町

金刀《こと》比羅《ひら》宮《ぐう》

幸福の黄色いお守りには「ミニこんぴら狗」がついてくる。

おすすめのグルメ
讃岐うどん：うどんには、楽しい出会いをもたらす運気が。

香川県仲多度郡琴平町892-1
☎0877-75-2121　www.konpira.or.jp
JR 土讃線・琴平駅より徒歩20分。

讃岐平野の山はお椀を伏せたような丸い形で、おおらかな気をもっているのが特徴です。金刀比羅宮はそんな山の気を受け、「金」の気に満ちたパワースポットです。

☑得られる運
人生の楽しみごとや豊かさを与えてくれる、現実的な運気がある。

☑こんな人におすすめ
自分の人生や楽しみごとを積み上げていきたい人

☑おすすめ開運行動
785段の階段を楽しいことを考えながらゆっくりと上る…友だちと一緒なら、にぎやかにおしゃべりしながら上って。暗い気持ちでいたり、貪欲すぎる人は、土地の気を分けてもらうことができない。

☑運気が上がるお守り
「幸福の黄色いお守り」と「ミニこんぴら狗《いぬ》」のセット…強い「金」の気が宿っている。こんぴら狗とは江戸時代、「こんぴら詣で」が叶わない人のかわりに、飼い主の名前を書いた木札などを入れた袋を首に下げてお参りをしたという賢い犬。ほしい運を自分へ導いてくれる。

中国・四国地方にあるその他のパワースポット

島根県出雲市 須佐神社《すさじんじゃ》

パワー ☆☆☆　得られる運 浄化　迷いを打ち消す

島根県出雲市佐田町須佐730
☎0853-84-0605　www.susa-jinja.jp
JR 山陰本線・出雲市駅よりバスで40分、「須佐」下車、徒歩30分。

☑**得られる運：**強力な浄化力で心の中の迷いを消し、困難に立ち向かう力がもらえる。

☑**開運スポットはここ！**
本殿裏の大杉あたり：この土地の気のすべてが吸収されているスポット。柵に囲われているため木に触れることはできないものの、樹齢1300年以上といわれる木のパワーは十分感じ取れる。

広島県尾道市 千光寺《せんこうじ》

パワー ☆☆☆　得られる運 金運　喜びごと

広島県尾道市東土堂町15-1
☎0848-23-2310　www.senkouji.jp
JR 山陽本線・尾道駅よりバス5分、「長江口」下車。千光寺山ロープウェイで「千光寺山頂」下車。

☑**得られる運：**「風」の気のパワースポット。金運や人生の楽しみごとを与えてくれる。

☑**開運スポットはここ！**
・玉の岩と太子堂の間：風がぴたりと止まっていて「風」の気がしっかり体感できる。
・「鼓岩」と「梵字岩」のあたり

千光寺からは、瀬戸内海に臨む尾道の町が一望できる。

ゼロ磁場について

ゼロ磁場と呼ばれる場所が、近年パワースポットとして脚光を浴びています。

では、すべてのゼロ磁場はほんとうにパワースポットなのでしょうか？

そもそもゼロ磁場とは、「地球という巨大な磁石のＳ極とＮ極の磁力が押し合い、お互いの力を消し合っている地点。『ゼロ＝何もない』ということではなく、エネルギーがぶつかり合い、その力が拮抗して動かない状態を保っている地点」というものです。

そういう意味では、陰陽のバランスの取れたパワーの集約した、素晴らしいスポットであると言えます。

確かに、聖地と呼ばれる神社などでは、ゼロ磁場に近い土地の気をもつ場所も少なくありません。

ただし、ゼロ磁場がパワースポットとなるかどうかは、その土地がきちんと清浄さを保てるかどうかによって変わってきます。

神社など管理され、土地の気を清浄に保っている場所はともかく、普通の場所では、その土地を訪れる人の気が、そのままその土地の気となって表に現れます。

風水では、このような土地のことを「マイナスとプラス、どちらのパワーも噴出してくる場所」としてとらえています。

つまり、清らかで邪心のない人が多く訪れた場合、その土地は清浄な陽のパワーを噴き出す土地となり、悪い心や欲の強い人が多く訪れた場合、陰の気を噴き出すマイナスのスポットとなってしまうのです。

そういう意味で、すべてのゼロ磁場が良い気を発するパワースポットと言えるかどうかは難しいかもしれません。

ゼロ磁場を訪れるときには、その場所からマイナスの気を感じるか、プラスの気を感じるかなど自分の感覚を研ぎ澄ませてみてくださいね。

第7章

九州・沖縄地方

宗像大社《むなかたたいしゃ》 辺津宮《へつぐう》

本殿の前も強い生気が感じられる。

宗像大社は3つのお社の総称で、この辺津宮にはほかの2つの社（沖津《おきつ》宮《みや》、中津宮《なかつみや》）の気も集まってきています。まつられているのは3人の姫神様。懐の深い気が感じられます。

☑得られる運

海や島からの生気を受け、その人が本来もっている運気の滞りを流し、浄化してくれる。ステイタス運や玉の輿運、さらに向上心を高め、進むべき道を示してくれる運気も。

☑こんな人におすすめ

進むべき道に迷っている人、チャンスがほしい人、自分を変えたい人

☑開運スポットはここ！

・岩をくり抜いてつくった「手水舎」のあたり：一番パワーが強く、土地

得られる運　出世運　金運　浄化　玉の輿運

岩をくり抜いてつくった手水舎。

宗像大神が降臨したと伝えられる高宮祭場。

のもつ「金」の気が集まっている。

・「高宮祭場」：本殿裏手の「悠久の道」を進んだ先にある。その昔、神様が降臨したと伝えられる場所。囲いがないので体感は弱いかもしれないが、生気に満ちている。

☑気をつけたいこと

この地は陰陽のバランスが崩れやすいため、晴れた日の午後2時ごろまでに訪れたほうが良い気を吸収できる。

おみやげ
毎年元日から1月いっぱい境内で販売している名物「福みくじ」には、文字どおり福がいっぱい。特々等から22等まで景品がついたおみくじで、もれなく何か当たる。

福岡県宗像市田島2331
☎0940-62-1311
www.munakata-taisha.or.jp
JR鹿児島本線・東郷駅よりバスで10分、「宗像大社前」下車。

パワー ☆☆☆☆☆ 大分県宇佐市

宇《う》佐《さ》神《じん》宮《ぐう》

広大な境内をもち、すべてが光に満ちています。非常にパワーの強い光で、縁結びに効果があります。訪れることで、物事が好転するきっかけがもらえるでしょう。

☑得られる運
強力な光に満ち、仕事、友人、恋愛、金運などさまざまな運気との縁を結んでくれる。

☑こんな人におすすめ
自分の人生に光をもたらしたい人

☑開運スポットはここ！
・手水舎の先にある左手の大木、イチイガシやクスノキのあたり：とくにパワーが強い。
・本殿前や祈祷殿の前：良い気が流れている。

宇佐神宮境内図

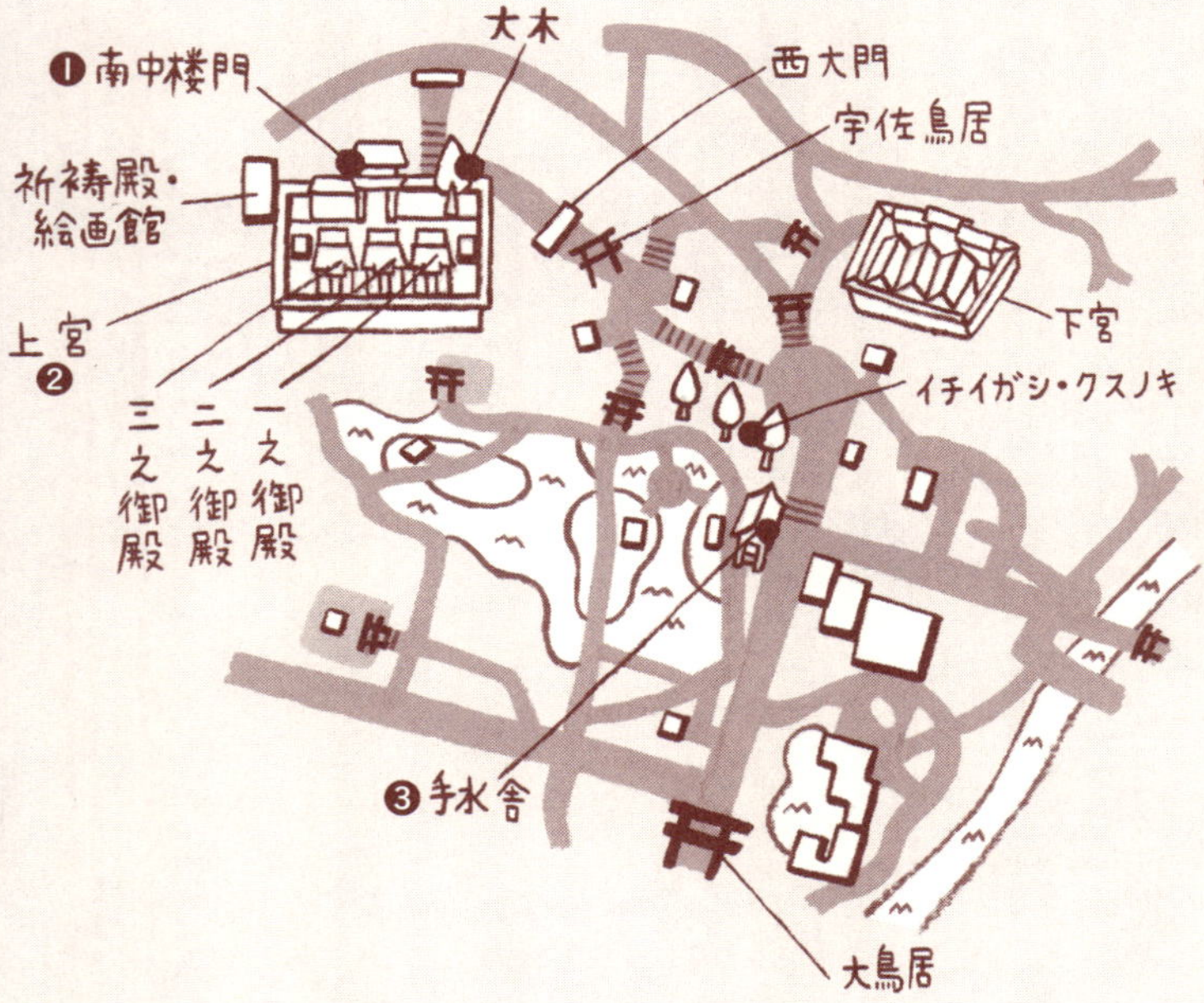

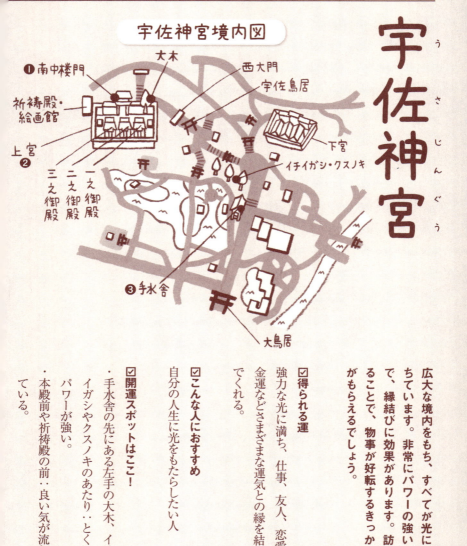

得られる運　♥恋愛運　仕事運　金運　出会い運　人間関係運／光のパワーを得る

西大門。宇佐神宮での参拝は、出雲大社と同じ「二礼、四拍手、一礼」で。

宇佐飴は、神功皇后が自分の子どもにお乳がわりに与えたと伝えられる飴。

おみやげ
宇佐飴：やわらかい食感で、自然の甘みがおいしい。

大分県宇佐市南宇佐2859
☎0978-37-0001
www.usajinguu.com

JR日豊本線・宇佐駅よりバスで10分、「宇佐八幡」下車。

❶南中楼門に向かって左手に、奥宮を拝するところがある。そこから奥宮の方角をながめて。
❷一番強い気を吸収できるのは、三之御殿つきあたりにある木の周辺。
❸手水舎で立ち止まり、イチイガシやクスノキのあるあたりに意識を向けて。

☑おすすめ開運行動

・広大な境内をゆっくりと歩いて気を吸収して。
・奥宮を拝するところから、その向こう側の大元山を見る：上宮の南中楼門に向かって左手に奥宮を拝するところがある。強いパワーをいただける。

☑気をつけたいこと

宇佐神宮は願いごとの実現率が高いスポットなので、明確で現実的な願いごとをして。ただし、「願いを現実にするまでは助けるけれど、その先は自分で努力しなさい」といった、自立を促すような性質の気をもっているので、そのことも心にとめておくこと。

パワー ☆☆☆☆ 宮崎県日南市

鵜《う》戸《ど》神《じん》宮《ぐう》

日向灘に面した断崖の洞窟に建ち、神社としては珍しい「下り宮」。磯の「霊石亀石」の穴に運玉を投げ、入ると願いが叶うと言われています。

石段を下りた先に本殿がある「下り宮」。

宮崎県日南市宮浦3232
☎0987-29-1001
http://www.udojingu.com/
JR日南線・伊比井駅または油津駅よりバスで20分、「鵜戸神宮」下車、徒歩10分。

得られる運　浄化　才能開花　ビューティ運　子宝運

運玉は、粘土を丸め「運」の文字を刻印した素焼きの焼き物。

亀石。

☑得られる運

浄化と再生をつかさどる運、才能を生み出し、さらなる開運が期待できる。子宝、安産祈願にも。

☑こんな人におすすめ

運試しをしたい人、子宝を授かりたい人、才能や運を生み出したい人

☑開運スポットはここ！

海岸参道に歩を進めるにつれ、浄化されていく。洞窟に入るとぽかぽかと温かい気を感じられるはず。

☑おすすめ開運行動

霊石「亀石」に向かって5つの運玉を投げる。岩の枡《ます》形のくぼみに見事入れば、願いが叶うと言われている。

パワー ☆☆☆☆ 宮崎県西臼杵郡高千穂町

高千穂神社《たかちほじんじゃ》

とても美しくパワフルな、高千穂峡の滝。

この地の特徴は、物事を活性化させる運気に満ちていることです。ぜひ高千穂峡とセットで訪れてください。神々が初めて地上に降り立った地という言い伝えもうなずけるほど、神秘的な輝きに満ちています。

☑得られる運

物事を活性化させる運。

☑こんな人におすすめ

マンネリ化した日常を変えたい人、しなければならないことがあるのに怠けてしまう人

☑開運スポットはここ！

本殿前と、本殿に向かって右側の、樹齢600年といわれる「秩父杉」のあたり。本殿に向かって左側の「夫婦杉」から秩父杉に向かって気が流れてい

得られる運　変化運　やる気

拝殿に向かって左にある夫婦杉から、右にある秩父杉へと生気が流れている。

おすすめの観光スポット

・温泉：高千穂温泉など温泉に一泊して、翌朝早く高千穂峡を訪れるのもおすすめ。
・おのころ茶屋：高千穂峡近くにあり、川魚や山菜を使った料理、湧水を使ったそうめん流しが楽しめる（冬季は休業）。

おすすめのグルメ

宮崎地鶏の炭火焼きやチキン南蛮などの鶏肉料理：土地の運気をより強く吸収できる。

宮崎県西臼杵郡高千穂町三田井神殿1037
☎0982-72-2413
JR日豊本線・延岡駅よりバスで1時間20分、「高千穂バスセンター」下車、徒歩10分。

る。気の体感度が高いスポットなので、ゆっくりと深呼吸して気を感じて。

☑おすすめ開運行動

・なるべく早めの時間帯に訪れる：この地は午前中のパワーがとくに強いので。
・高千穂神社とセットで高千穂峡を訪れる：高千穂峡は水龍が生み出したパワースポットでもあり、どこにも陰のエリアがない。訪れた人がもともともっている才能を引き出し、違う世界へと導いてくれるパワーがある。可能であれば人が少ない早朝に訪れると、いっそう良い気が吸収できる。

☑気をつけたいこと

本殿に向かって右側の「鎮石」のあたりは、さっと通り抜けたほうがよい。

パワー ☆☆☆☆ 沖縄県南城市

セーファウタキ

セーファウタキのマップ

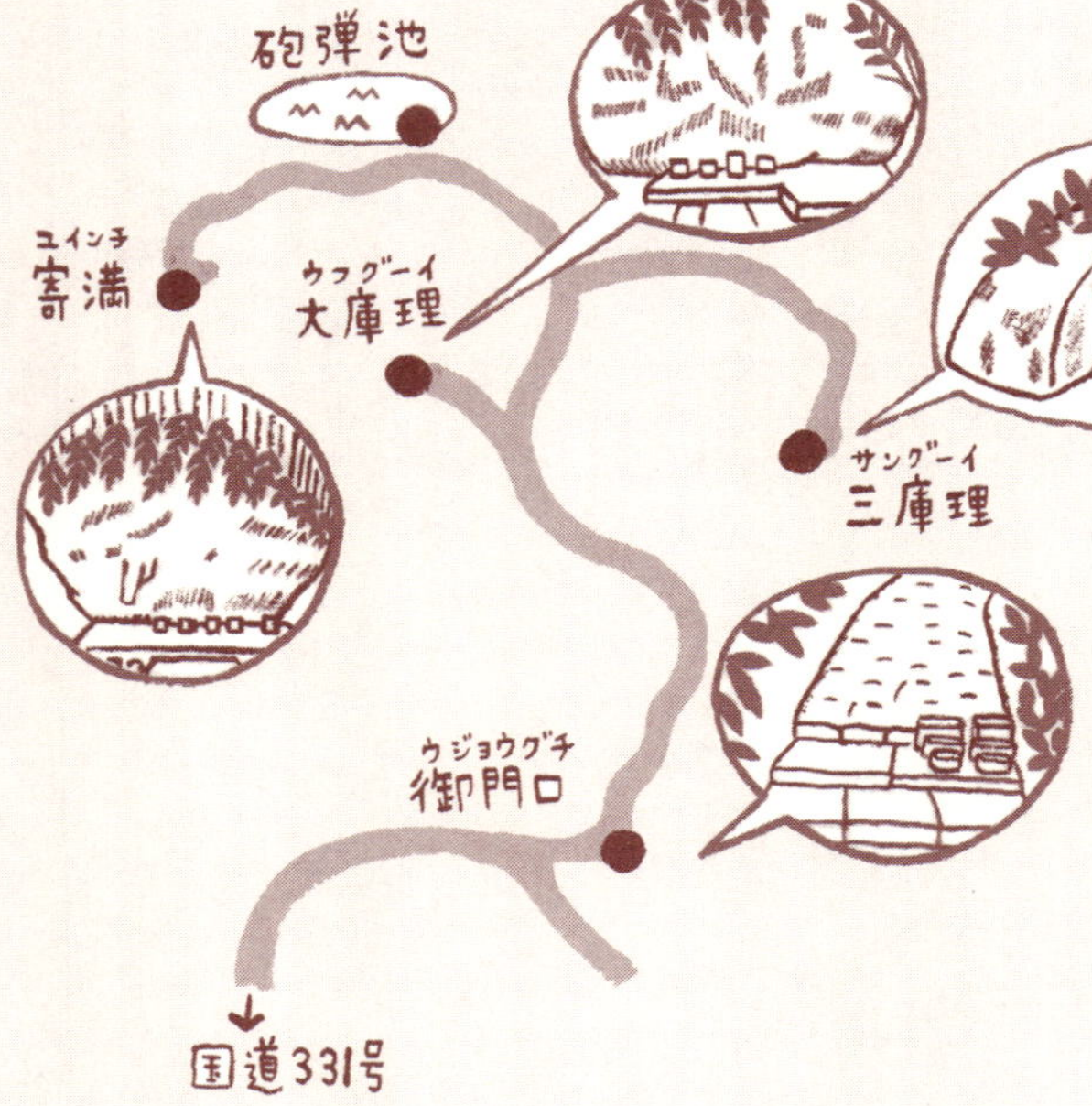

神々しいくらい強い気に満ちた場所。「セーファ」は最高位を、「ウタキ」は聖地を意味する言葉で、もともとは清められた人しか入れない土地でした。光があふれ、強力な浄化作用に満ちています。

☑得られる運

何かを生み出す新しいパワーがもらえ、進むべき道が明らかにされる。強力な浄化作用も。

☑こんな人におすすめ

人生に新しい扉を開きたい人

☑開運スポットはここ！

気が強く、人を拒むバリアが張られたような入り口を抜けると、急にふわっとやわらかい気が感じられる。この全域がパワースポット。

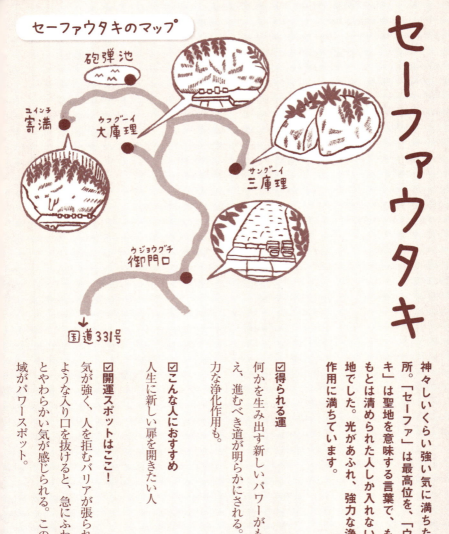

得られる運　★全体運：道が開ける　⮌浄化

📍沖縄県南城市知念字久手堅
☎098-949-1899
ゆいレール・旭橋駅よりバスで１時間、「斎場御嶽前」下車、徒歩10分。

巨大な岩でできているサングーイ。

☑おすすめ開運行動

願いごとをするというよりも、光り輝く気をいただくといった感謝の気持ちでいることが大切。

☑気をつけたいこと

・貪欲になったり、誰かをおとしめるような願いごとは厳禁：土地に嫌われてしっぺ返しを受ける可能性が。

・雨の日や夕方以降に訪れるのは避けたほうがよい。

・自分の心と照らし合わせて、旅のスケジュールを立てる：強いストレスを感じているときに訪れると、土地の気にとらわれて帰りたくなくなる可能性が。心が健やかなときのほうが運気をたくさん吸収できるので、訪れるタイミングに気をつけて。

首里城《しゅりじょう》

首里城マップ

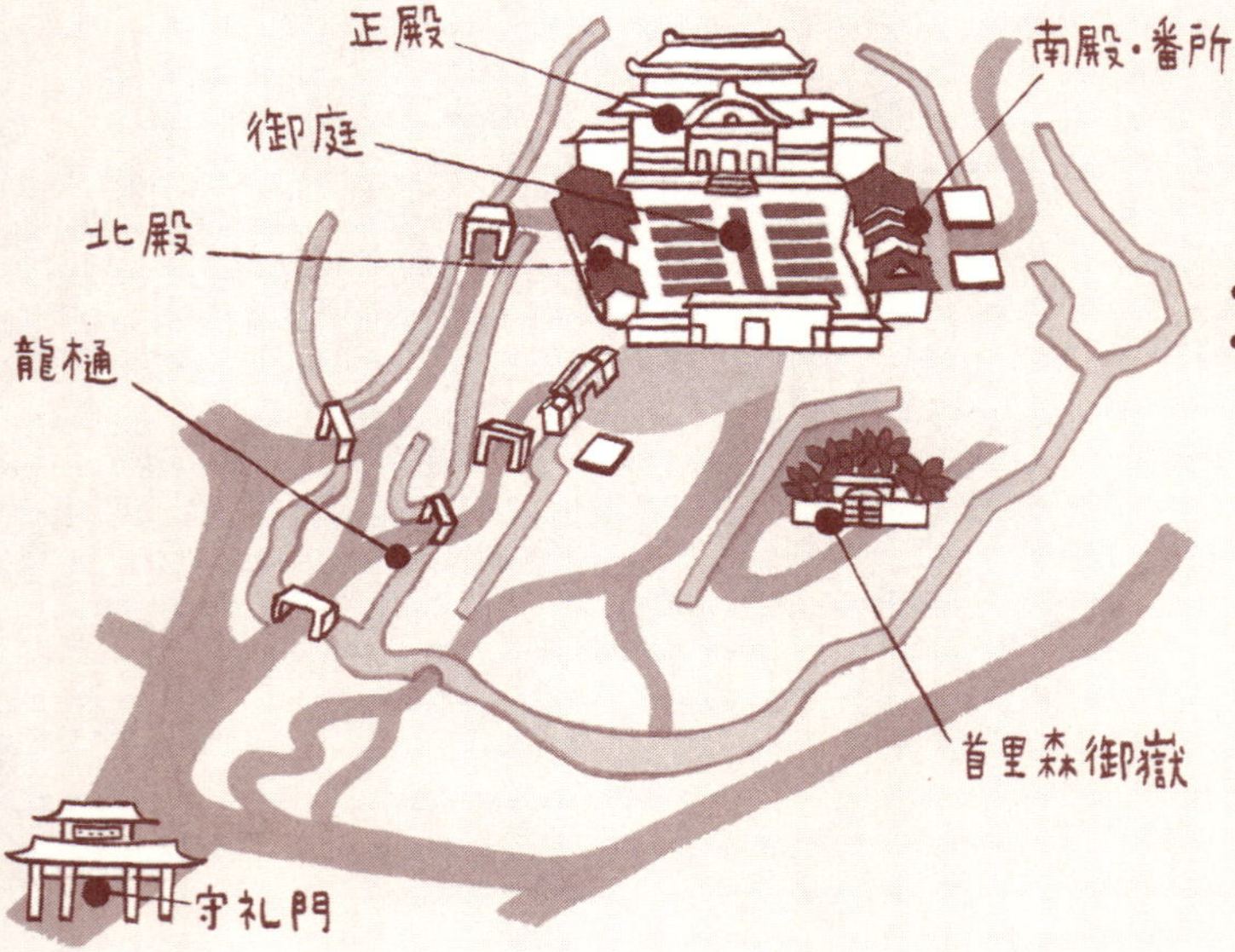

沖縄は風が強く、その風から生じる気を利用して栄えた土地。首里城は王族の城であり、まつりごとを行う場所でした。風の気の恵みが最大限受けられるよう、風水を利用して上手に設計されています。

☑得られる運

人と人、人と仕事などの縁を結び、悪い運を吹き飛ばしてくれる。

☑こんな人におすすめ

縁の運気全般がほしい人、とくに人間関係の運がほしい人

☑開運スポットはここ！

守礼門の次の門をくぐって右手の石段を上る途中の「龍樋」あたり：風の気がとどまっている。

得られる運　！チャンス　仕事運　人間関係運　出会い運

正殿と御庭。

おみやげ

・琉球ガラス：色彩豊かで、その人を輝かせてくれるパワーがある。色や質感、デザインにこだわって選んで。
・海洋深層水を使ったコスメ製品。

おすすめのグルメ

マンゴーなどの南国フルーツ：家庭運、ビューティ運、人をつなぐ運気があり、旅先でいただけばラッキーがもらえる。

☑おすすめ開運行動

風を受けること。

沖縄みやげには、琉球ガラスを。

沖縄県那覇市首里金城町1-2
☎098-886-2020
oki-park.jp/shurijo-park/
（首里城公園管理センター）
ゆいレール・首里駅より徒歩15分。

九州・沖縄地方にあるその他のパワースポット

福岡県久留米市 高良大社《こうらたいしゃ》

パワー ☆☆☆ 得られる運 浄化 人間関係運

福岡県久留米市御井市1
☎0942-43-4893
JR鹿児島本線・久留米駅よりバスで20分、「御井町」下車、徒歩30分。

☑**得られる運：**厄祓いのご利益で名高く、悪い気を浄化し、嫌なことを忘れさせてくれるスポット。人間関係をスムーズにし、人とのつながりを強めてくれる。

☑**開運スポットはここ！：**拝殿前から3歩ぐらい下がったところと、大クスノキのあたり

☑**おすすめ開運行動：**景色を楽しみ、ゆったりした気持ちで過ごすと気の吸収力がアップ。

福岡県太宰府市 太宰府天満宮《だざいふてんまんぐう》

パワー ☆☆ 得られる運 願いが叶う

福岡県太宰府市宰府4-7-1
☎092-922-8225
www.dazaifutenmangu.or.jp
西鉄太宰府線・太宰府駅より徒歩5分。

☑**得られる運：**今の自分に即した、さまざまな現実的な問題について教えを与えてくれるパワーがある。

☑**おすすめ開運行動：**願いごとを叶える力が強いので、今の自分に即した現実的な願いを具体的に伝えて。

☑**おみやげ：**名物「梅ヶ枝餅」。

鹿児島県霧島市 霧島神宮《きりしまじんぐう》

パワー ☆☆☆

得られる運 仕事運 継続運／家庭運

鹿児島県霧島市霧島田口2608-5
☎0995-57-0001
www.kirishimajingu.or.jp
JR日豊本線・霧島神宮駅よりバスで10分。

☑**得られる運：**活力をアップさせ、物事を継続させる運気を与えてくれる。

☑**こんな人におすすめ：**今の仕事を長く続けたい人、結婚生活を長く安定させたい人

☑**開運スポットはここ！：**拝殿前とオガタマの木のあたり

☑**おすすめ開運行動：**せかせかしないで、ゆったりと行動したほうが、土地の気の吸収が高まる。遠くに見える桜島の景色を楽しむのもラッキー。

熊本県阿蘇市 阿蘇神社《あそじんじゃ》

パワー ☆☆☆

得られる運 ♥恋愛運 結婚運 金運 喜びごと

熊本県阿蘇市一の宮町宮地3083-1
☎0967-22-0064
www.asojinja.or.jp/
JR 豊肥本線・宮地駅より徒歩15分。

☑**得られる運：**阿蘇山の生気を受け、楽しみごとや豊かさを与えてくれるスポット。縁を固める運気も。

☑**おすすめ開運行動**
手水舎で「神乃泉」と呼ばれるご神水に触れる。

＊2016年4月の熊本地震で楼門と拝殿が倒壊、復旧中です。仮拝殿でお参りを。

熊本県阿蘇市 国造神社《こくぞうじんじゃ》

パワー ☆☆　得られる運 ★全体運 浄化

熊本県阿蘇市一の宮町手野2110
☎0967-22-4077
JR 豊肥本線・宮地駅より車で10分。

☑**得られる運：**積み重なった悪い運気をクリアにし、心に希望の光をもたらしてくれる。

☑**こんな人におすすめ：**頑張っているのにうまくいかない人、状況をリセットしたい人

☑**開運スポットはここ！：**本殿に向かって右側の「手野の大杉（女杉）」と、「白蛇の檜」

☑**おすすめ開運行動：**帰りは牧場や温泉に立ち寄って観光を楽しむと運気がさらにアップ。

手野の女杉。切り株だが、その場所にパワーがある。

世界のパワースポットについて

日本のパワースポットについてはコラム１でご説明しましたが、世界のパワースポットから受け取る運とはどのようなものなのでしょうか。

自分のベースにない文化をもつ世界の土地の気と、日本の土地の気の大きな違いは、運気としてすぐに表に表れるか、吸収されて自分のベースになるかどうかです。

日本のパワースポットでは、運気が定着して自分のベースになるのに対して、世界のパワースポットで得る運は、得た運がすぐに目に見えるものとして表れてくれます。

即効性という意味では、世界のパワースポットから得る運気のほうがわかりやすいかも知れませんね。

その傾向は、自分のベースにまったくない文化の土地であればあるほど強くなるようです。

異文化であることを強く意識することも運気を受け取る上で大切な要素。その土地のもつ歴史をきちんと調べたり、文化について学んだ上で訪れることも運気吸収のポイントになります。

また、世界のパワースポットでは、その土地の写真を撮って飾ってみたり、携帯の待ち受けにするなど、訪れた後も「目で見る」よう心がけることも運気を得るためには効果的です。

訪れてから２か月くらいの間は、写真だけではなく、できるだけその土地の食べ物を食べたり、ゆかりのあるものを使うなど、訪れた場所を意識するように心がけることも運気を受け取ることにつながりますので、おすすめです。

その土地の焼き物など器を使うことも効果的ですので、試してみてはいかがでしょうか。

第8章
世界の
パワースポット

北米

アメリカ本土

セドナ4大ボルテックス[エアポートメサ、ポイントキャニオン、カセドラルロック、ベルロック](アリゾナ州)

ボルテックスが点在するセドナはアメリカ屈指のパワースポット。現在は休眠期に入っているため体感度は低めですが、変化の気を与えてくれます。とにかく広大な土地ですから、体力に自信がない人は、4か所を網羅しなくても大丈夫。巡回バスが運行されていてアクセスしやすい「ポイントキャニオン」に的を絞るなど、無理のない範囲で。現地のスパなどでセドナの風景をゆったりとながめながら大地の気を感じることで、癒しを得ることができます。

グランドキャニオン周辺(アリゾナ州)

アリゾナ州北西部にあるグランドキャニオンは、全長約450キロ、深さ1600メートルに及ぶ大渓谷。広大な土地には山も川もあり、渓谷からコロラド川付近まで絶景スポットがたくさんありますが、代表的な観光名所を訪れるだけで大地の気を体感できます。パワーに強弱はあるものの、山脈から巨大なパワーが流れ込むこの一帯は、どこに行っても十分に気を感じることができます。

ハワイ

ハワイ島

プウホヌア・オ・ホナウナウ

神々しいくらい強い気に満ちたスポットです。「プウホヌア」とは、ハワイ語で聖域・避難・保護という意味。この場所は、かつて罪人が逃げ込んでも救われると言われるほど清浄な聖地だったと言います。現在は国立歴史公園として復元され、そこにいるだけで体に血が巡るような強い熱を感じられるはずです。歩き回る必要はなく、自分が気に入ったスポットを見つけてそこから海をながめるのもいいですし、広大な公園でゆっくり過ごすのもおすすめ。気を体感するだけで、運が入れ替わります。

キラウエア火山

生命力を与えてくれるスポット。現在も噴火活動が続く活火山のため、噴火の状況によってどこまで観光できるかはタイミングにもよりますが、周囲を巡るだけで火山がもつパワーを吸収することができます。キラウエア火山国立公園は、ハワイで唯一世界遺産に指定されているスポットでもあります。

ラバチューブ

キラウエア火山国立公園内にある〝オーラが見える洞窟〟。ここでは、かなり高い確率でブルーグリーン色のオーラを見ることができます。目には見えないという人も、しっかりと体で気を感じ取ることができます。

マウナケア山頂

天と地がつながるパワースポット。清浄な気が流れ、まるで雨が降っているかのようにオーブ（白く光る玉）がたくさん見えます。各国が建てた天文台群があり、「星空ツアー」に参加して天体観測をするのもいいですし、朝日を待って見るのも◎。自分の心からの願いを言霊にすると、願いが叶いやすくなります。

ワイピオ渓谷

「聖なる谷」と呼ばれるワイピオ渓谷。渓谷の中に足を踏み入れなくても、渓谷を見渡せるビューポイントがたくさんありますので、周囲を散策するだけで大地のパワーを感じることができます。

マウイ島

ハレアカラ

映画『2001年宇宙の旅』のロケ地になったスポット。活性の気や始まりの気を受けることができます。マウイ島の伝説によると「マウイの勇者が、日を長くするために大きな釣り針を引っ掛けて太陽の動きを止めた」とされており、実際にハレアカラから朝日をながめると、太陽の先に一本の線が延びているように見えます。ただ、日が昇る時間帯はたいへん寒いため、ツアーに参加する際は防寒着を忘れずに。

イアオ渓谷

マウイの聖地であり、パワースポットとして有名です。2つの山の中央にある谷は、龍の通り道になっており、強い生命力をいただくことができます。

ククイプカ・ヘイアウ

ヘイアウとは古代ハワイの人々が祈りを捧げた聖域のこと。牧場の中にあるククイプカ・ヘイアウは、たいへん強い清浄の気をもつ癒しのスポットです。心が満たされ清浄になる、驚くほど強い気です。現地でのお参りの仕方は、地元の方があらかじめ置いてくれているバナナリーフに小さな石を包んでお供えすると願いが叶うそう。ぜひ試してみてください。

ハレキイ・ヘイアウ

「ハレキイ」と次の「ピハナ」ヘイアウは、2つのヘイアウが隣り合っているスポットです。「ハレキイ」は戦いの神様クーを祀ったとされるヘイアウ。1240年ごろに建てられたとされています。マウイ島は活性の気をもっていますが、この場所もまた活性の気にあふれています。

ピハナ・ヘイアウ

活性の気や向かっていく気を与えられるパワースポットです。「ハレキイ」と「ピハナ」の2つのヘイアウは、15分程度で見て回ることができます。特別なことはせず、ただゆったりとこの地をながめるだけで、気を感じることができる素晴らしいスポットです。

カウアイ島

シダの洞窟〔現在は洞窟内に入れない〕

かつては洞窟の中に入ることができ、洞窟内で結婚式を挙げることもできましたが、現在は崖崩れなどの危険性が増して立入禁止に。ただカウアイ島全体が癒しの気をもっており、シダの洞窟も例外ではありません。周辺を訪れ、ながめるだけでパワーをもらえるでしょう。

ワイメア渓谷【カララウ展望台】

ワイメア渓谷は別名「太平洋のグランドキャニオン」と呼ばれ、深く雄大な谷と地層を見ることができます。カララウ展望台から見える谷と海のラインが龍の通り道になっており、強力なパワーをもらえます。展望台でゆっくり過ごして。

ケエ・ビーチ

カウアイ島の北端にある美しい砂浜です。ビーチでゆったりと過ごして大地の気を感じてください。美しい海を見ているだけで、パワーがチャージされます。

オアフ島

バース・ストーン

かつての王族の出産場所だったバース・ストーンは、始める力や生み出す力が強力に渦巻くスポットです。大きな2つの石の間には龍脈が流れ、石と石の間をながめることでパワーを得ることができます。石と石付近の全域が強いパワースポットとなっています。

カフナ・ストーン

「ハイアットリージェンシーホテル」の前にある、黒い柵に囲まれた大小4つの岩がカフナ・ストーンです。別名「魔法使いの石」。一見素通りされそうですが、たいへん強いパワーをもっています。少し疲れたときなどに、通りすがりで構いませんので立ち寄って、パワーを吸収してください。お願いごとをするときのポイントは、壮大なものではなく、できるだけ現実的なものにすること。

マカプウ・ヘイアウ［ヒーリングプール］

海岸の岩場の潮だまりが「ヒーリングプール」と呼ばれ、その名にふさわしく海水には強力な気が流れています。もともとの気の発生源はマカプウ・ヘイアウの背にあるココヘッド。この山からの龍脈がたどりついた場所がマカプウ・ヘイアウです。時間帯によっては波が荒いため、家族で訪れる際はお子様やペットから目を離さないように気をつけて。

カナダ

ウィスラー周辺（ブリティッシュ・コロンビア州）

スキーリゾートとして有名なウィスラー。山脈から降りてくる生気がたいへん強い、光のパワースポットです。写真を撮影すると「オーブ」がたくさん写り込む可能性も。小さな街ではありますが、リゾート感覚でスキーを楽しむだけでパワーをいただける、おすすめのスポットです。

中米

メキシコ

テオティカワン（メキシコ州）

別名「太陽と月の神殿」と呼ばれ、親しまれています。紀元前のものと言われる古い遺跡なので、気の体感度は低めです。ぜひやっていただきたいのは、太陽のピラミッド登頂です。頂上まで登ると、中央に窪んだ穴があります。そこに触れながら、天に向かってお願いごとを告げると、思いが天に届き願いが叶うとされています。

グアダルーペ寺院（メキシコシティ）

メキシコの守護神「聖母グアダルーペ」図像を奉る本山。バチカンが公認したという〝カトリック三大奇跡の寺〟の一つで、聖母マリアの奇跡の情景を再現した図像は寺院堂内の祭壇の上部に飾られ、その前のあたりがパワースポットとなっています。

には敬虔な信者が多数いらっしゃるので、真摯な気持ちで見学させてもらい、くれぐれも邪魔にならないようマナーには注意しましょう。

南米

ペルー

マチュピチュ（クスコ県）

アンデス山脈に属するウルバンバ渓谷の山間、標高2400メートルに築かれたインカ帝国の「空中都市」。その頂には1450年ごろに建設されたと推定されるインカ帝国の都市遺跡、マチュピチュがあります。山の生気が通い、全域に圧倒的なパワーを発するマチュピチュは、遠くからながめるだけでも気を感じられる圧倒的なパワースポット。実際に遺跡に足を踏み入れなくても、十分にパワーを得られます。

チチカカ湖周辺

ペルーとボリビア2か国に広がり30の島々が浮かぶチチカカ湖。ここには水龍が住んでいます。湖岸の周辺を観光するだけで、十分にこの土地の気の恩恵を受けることができます。

ボリビア

ウユニ塩湖（オルロ州・ポトシ州）

ウユニ塩湖は、強烈な塩の浄化パワーをもつスポットです。何かの力を与えられるというよりは、塩がもっている浄化力で気を入れ替えてくれます。訪れる時期は、乾期より雨期を選んで行くと、さらに高い浄化力を得られます。

オセアニア

オーストラリア

ウルル【エアーズロック】（ノーザン・テリトリー）

オーストラリアを代表する観光スポットのウルル。敷地面積1300平方キロ以上に及ぶ広大な公園に鎮座するのは、周囲約9キロ、標高約350メートルの世界で二番目に大きい一枚岩。急傾斜の岩壁を岩に打ち込まれた鎖を頼りに登るため、体力勝負にはなりますが、頂上まで行った人は、凄まじい浄化力を体感することができます。体力に自信がない人は、周囲からただながめるだけでもパワーを吸収することができますので、ぜひ訪れてみて。

ニュージーランド

ロトルア湖周辺（ノース・アイランド）

たいへん強い気をもつ硫黄泉の温泉地です。湖畔にある温泉に入り、ゆったりくつろぎ時間を過ごしてください。また、湖周辺の散歩コースを歩いてみる、アクティビティに参加するなど積極的に活動することも開運につながります。

タウポ湖周辺（ノース・アイランド）

ニュージーランド最大の湖で、たいへん気が強いパワースポットです。タウポ湖の周辺には、良質の温泉があります。タウポ湖周辺では、この温泉の地熱を感じ、湖畔でゆったりと過ごすだけで、浄化力と癒しのパワーと、悪いものが消えていく力を感じます。

ミルフォードサウンド、スターリンの滝（サウス・アイランド）

水龍と地龍が合体するエリアです。氷河がつくったフィヨルド地形で有名な景勝地でもあるので、一般の旅行者と同じように、観光船に乗って気を感じてください。水しぶきを浴びることで、より水の気を吸収することができます。

東南アジア

インドネシア

ボロブドール寺院遺跡（ジャワ島）

１２００年ほど前に建造された、世界最大級の仏教寺院。アクセスは、ジョグジャカルタから車で１時間半～２時間ほど。遺跡の階段を上がり仏舎利塔のあたりを歩くと、足元からパワーを感じることができます。強大なパワーを感じるというよりも、癒しのパワーを感じます。

ウルワトゥ寺院（バリ島）

半島の断崖に建つ寺院。強い気を感じる場所がいくつかありますが、主要な場所だけ行ってお参りして帰ってくるだけでもパワーを十分に受け取れます。ただし、猿におそわれないよう気をつけて。サングラスやイヤリングは、猿の気を引いてしまうので、身につけるときには十分ご注意を。

ブサキ寺院（バリ島）

30もの寺院から成るこの場所は、荘厳な空気をまとう神聖なパワースポット。バリの霊山と呼ばれている「アグン山」の気をダイレクトに受けることで、強烈なパワーをもちます。有名な観光地でもあるので、現地ガイドとのトラブルも多いとか。とくに女性が1人で観光する際は安全第一ですから、ホテルでガイドさんを手配してから現地へ向かうことをおすすめします。

シンガポール

仏牙寺

フロアごとにパワーが異なる仏教寺院。1階には地面から湧き出るような強力なパワーが。初めに本堂にお参りしたあと、左から1階のフロアを一周して。奥の文殊菩薩像の前で立ち止まって気の吸収を。次に、奥にある黄財神像《きざいじんぞう》とツーショットで写真を撮り、待ち受け画面にすることで、金運アップ。中2階は1階と逆の右回りで一周するのが、気を取り込むコツです。3階には、1階とは違う横からのピリピリした強いパワーが。4階では、仏牙の前でお参りを。5階では中央にあるマニ車を時計回りに3度回しながら願いごとをすることで、天に願いが届きます。ただし、願いごとは1つに絞ること。また、抽象的な願いごとがおすすめです。

観音堂

シンガポールで最も古いお寺の一つ。参拝方法は門の近くでお線香を3本いただき、空に向かって3度お辞儀をしながら心の中で願いごとを唱えます。次に、本堂に向かって同じことを繰り返し、お線香をお供えします。その後、祭壇へ進みお賽銭を入れ、お参りしてください。参拝者が多いとパワーが分散してしまうため、すいている早朝に訪れることをおすすめします。おみくじもぜひ引いて。結果が良ければ丸めて持ち帰り、悪ければ燃やすのがおすすめ。

スリ・クリシュナン寺院

観音堂の並びにあるヒンドゥー教寺院。参拝方法は、入り口でお線香を3本いただき空に向かってお祈りをしたら、寺院側に向き直って再度お祈りをします。寺院のセンターラインに良い気が流れているため、中央を意識して参拝しましょう。浄化したいことを思い浮かべるのが効果的。

スリ・アリアマン寺院

チャイナタウンにある、シンガポール最古のヒンドゥー寺院。ここは気がまっすぐ流れているため、参拝する際も、まっすぐ歩くことを意識してください。変化の運を受け取れます。

サルタンモスク

巨大な金のドームが美しいモスク。入って右側の回廊が、とくに強いパワーを感じられます。信者の方々のご迷惑にならないよう、腕や脚を見せない服装にするなど礼拝のマナーには十分配慮しましょう。

トゥア・ペコン寺院（クス島）

クス島は、シンガポールのマリーナ・サウス・ピアから船で30～40分のところに位置する巡礼の島。その昔、転覆した船の船員を、巨大ウミガメが自らの体を岩に変えて救ったという伝説が残ります。亀を助けたのが中国人とマレー人の2人だったことから、この島には中華系の寺院とマレー系の寺院があるという言い伝えも。儀式的なことはやっておくと開運行動につながります。蓮の花をかたどった「ウィッシング・ベル」でコインを投げ入れ、ベルを鳴らしてお祈りするのも忘れずに。

カラマット・クス（クス島）

長い階段に良い気が流れているため、体感しながら上ることが大切です。階段を上りきった頂上にあるのが「カラマット・クス」。お布施をすると黄色の布を手首に結んでお祈りしてくれるので、島を出るまでほどかずにおきましょう。シンガポールにはあまり蚊がいないのですが、ここは樹木が茂り虫除けが必須です。

クラウドフォレスト（ガーデンズ・バイ・ザ・ベイ内）

大型観光施設「ガーデンズ・バイ・ザ・ベイ」の中にある植物園クラウドフォレストは、生気に満ちたパワースポット。入り口を入ってすぐの滝は「水」の気があふれた場所なので、滝の前で写真を撮ると運気がアップします。さらに滝を裏側から見られるポイントでは、フラッシュをたいて写真を撮ると〝オーブ〟が写ることも。施設内はあちこちにパワーが漂っているため、1か所にとどまらずに一周しながらパワーを体感していきましょう。

富の噴水

マリーナ地区の「サンテック・シティ・モール」内にある噴水。風水で言う「仙掌格」という地形にならい、噴水を掌に見立て周囲のビルが5本指になるよう設計されています。右手を水につけて3回まわりながらお願いごとをすると願いが叶うと言われています。十二支をかたどったマンホールの蓋にも龍の気が集中し、ここもパワースポットの一つ。自分の干支の蓋の上に立って願いごとをすると叶いやすいので、必ず立ち寄りましょう。

ミャンマー

ゴールデンロック(モン州)

山の頂上で傾いているのに落ちそうで落ちない、黄金の巨石ゴールデンロック。言い伝えによると、岩の上の仏塔に納められているブッダの聖髪がバランスを保っているのだとか。岩の付近全域がパワースポットになっています。頂上までは歩いて約1時間。険しい山道を登れない人のために、神輿に乗せてもらって頂上まで行けるサービスがあります。

タイ

ワット・ポー(バンコク)

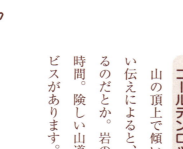

17世紀末〜18世紀初めに建立されたと伝えられる、タイ最古の寺院の一つ。温かい気が流れていて、どこを歩いてもすべてパワースポットです。本堂に横たわる長さ46メートルの「涅槃仏」の周辺は、とくに強力なスポット。仏像の足の裏のあたりで強い気を感じることができます。

ワット・サケット（バンコク）

仏舎利を納めた仏塔を頂上にいただく人工の丘、「黄金の丘」で有名な寺院。344段のらせん階段を上ると、黄金の丘の上にたどりつき、バンコク市内を一望できます。ワット・サケット全体がパワースポットと言えますが、頂上付近はご縁を運んでくれる気があり、訪れた恋人たちがゴールインできるという言い伝えも。仏塔の中の仏像にもお参りをしてください。

カンボジア

アンコールワット（シェムリアップ州）

清浄で強いパワーをもつパワースポット。土地の気が温かい光に満ちています。心に光を与え、悪い気を清浄化してくれるパワーが。長い参道を歩くだけでもパワーをいただけますが、いちばん強いスポットは、建物の中心近くになります。また、第3回廊に上がることで天の気を受け取ることも。午前中の早い時間に出かけるのがおすすめです。

タ・プローム（シェムリアップ州）

強い土地の気を放つパワースポット。歩いていると、大地から噴き出すパワーを感じることができます。やる気をもたらし、生命力を上げてくれる強いパワーがあります。

タネイ遺跡（シェムリアップ州）

穏やかな空気が漂うパワースポット。足を踏み入れると、やさしい光のパワーを体感することができます。この土地では、おだやかな心と、人生に光を見つける運気を得ることができます。ゆっくりと散策して運気を吸収しましょう。

東アジア・南アジア

韓国

景福宮《キョンボックン》（ソウル）

風水都市ソウルの北にそびえる白岳山《ペックアッサン》から流れくる生気が凝縮した、強力なパワースポット。やる気と達成の運気を与えてくれます。王宮をゆっくりと散策して土地の気を吸収しましょう。勤政殿《クンジョンジョン》のまわりを囲む十二支の像の周辺に強い生気が流れています。自分の干支の像と一緒に写真を撮るのもおすすめ。慶会楼《キョンフェル》の水辺の付近も強い気が流れています。

昌慶宮《チャンギョングン》（ソウル）

朝鮮王朝第9代王の成宗が祖母と生母、養母の住まいとして建てた宮殿。風水都市ソウルでもとくに優れた立地となっています。王の愛する女性たちが安心して暮らせるように建てた生活空間で、すべてにおだやかな気が流れています。愛情運や癒しの運気にあふれたスポット。なかでも婚礼などの儀式が行なわれた正殿の明政殿は、いちばん強い気が吸収できます。正門から殿閣に向かって気がまっすぐ流れ、手をかざすとあたたかさが感じられます。ゆったりとした気持ちで訪れましょう。

昌徳宮《チャンドックン》（ソウル）

280年にわたり、朝鮮王朝の正宮だった宮殿で、世界文化遺産でもあります。正殿である仁政殿は、生気が湧き上がってくる場所です。とくに気が強いのは仁政殿の正面の階段を上がったところ。細胞に活力を与え、才能を引き出してくれるパワーがあります。何かにチャレンジしたいと思っている人にとっては、最高の開運スポット。王宮の広大な敷地には、あちこちにパワースポットがありますから、ゆっくりと時間をかけて回り、お気に入りの場所を見つけてみて。

宋廟《チョンミョ》（ソウル）

正門である蒼葉門をくぐって林の中を進むにつれ、道の両側にピリピリとした気が流れているのを感じることができます。ステイタスを高め、将来の土台を築いてくれる運気に満ちています。正殿へ向かう道は平らな石を3筋に並べた「三道」と呼ばれ、中央の道は祖先のための神路として両脇の道より高くなっているので、足を踏み入れず、両脇の道を行きましょう。気は正殿に向かって集まっており、正殿の正面はとくに強いパワースポットです。写真を撮ったりしながら長時間滞在すれば、お金や知識など、これからの自分の土台を築いてくれる運気が得られるでしょう。

粛靖門《スクチョンムン》（ソウル）

風水都市ソウルの主山である北岳山《プガクサン》にあり、別名、北大門。北岳山は龍てつ形をした典型的な風水地形です。山頂近くに建てられた粛靖門の上の門楼は、最高のパワースポット。粛靖門は北からの水の気が流れるスポットで、北側に向けてうなじを出すと恋愛運がアップし、充実する縁にめぐまれます。男性にも効果的なので、ぜひお試しを。既婚者は、夫婦間の愛情運アップに。時間をかけて気を感じましょう。

円丘壇《ウォングダン》（ソウル）

かつて王が天に向かって祭祀を行なったと言われる神聖な場所で、天に願いを届けてくれるパワーがあります。石彫の大門の階段にある2つのヘテ（伝説上の動物）のうち、向かって左のヘテに手をふれて、いちばん望むことを1つだけ願ってください。感謝と名前、住所、年齢も告げて。門から正面の皇穹宇《ファングンウ》までがパワーの強いスポット。願いを2つ以上かけると自分に負担がかかるので気をつけて。

朝鮮王陵《チョソンワンヌン》（ソウル、京畿道ほか）

１３９２年から５１８年間続いた朝鮮王朝の歴代王の墓「朝鮮王陵」は、ソウル近隣を中心に40基が点在しています。多くは祭礼のため王宮から日帰りできるようソウルの近隣地域に設けられましたが、なかには風水上の理由からより気の強い場所を求めて遠方に建てられた王陵もあります。朝鮮王陵は風水に基づく建築と景観様式などが評価され、２００９年に世界文化遺産に登録されました。王陵は細胞をいきいきとさせ、回復機能を高めてくれるパワースポット。古来の聖地でもあるので、運気を取りに行くというのではなく、来られたことを感謝し、ただ静かに五感で土地の気を受けることが大切です。

馬耳山《マイサン》塔寺《タプサ》（全羅北道）

天に向かって馬の耳のようにそそりたつ２つの山、雌馬耳山と雄馬耳山からなる馬耳山は韓国を代表する聖地。そのふもとにある石塔群が、馬耳山塔寺と呼ばれる強力な気をもったパワースポットです。１つの望みに対して気が動く特徴がありますので、願いごとは1つに絞って。最も強い気が出ている天地塔の裏側では、自分を変えて新しいことに向かっていく運気が得られます。山の中腹にある銀水寺もぜひお参りを。

麻谷寺《マゴクサ》（忠清南道）

朝鮮王朝時代の予言書、『鄭鑑録《チョンガンロク》』には、天災や戦乱が起きても生き残ることができるという10か所の地「十勝地」が記されており、その一つが麻谷寺。風水的に理想である太極形をしたこの地は、悪運をデトックスしてくれる清浄な地運をもっています。高台の君王岱《クンワンデ》はアカマツ林に囲まれ、癒しや浄化作用のある風のような涼やかな気が巡っています。霊山殿には、正面の階段あたりにいろいろなものを浄化してステップアップさせてくれる気がたまっています。感謝の心を伝え、願いごとをして。

仏国寺《ブルグクサ》（慶州）

やわらかな光の生気を体感できるパワースポット。やさしい空気につつまれたこの土地は、心の平穏と充実を与えてくれるスポットです。大雄殿と、国宝でもある多宝塔の周囲が、強いパワースポット。多宝塔の周囲には金運を与えてくれる運気も。

石窟庵《ソックラム》（慶州）

足元から噴き上がる生気が、訪れる人に強い生命力を与えてくれるパワースポット。石窟庵に向かうために歩く道から、足元を叩かれるような強い生気を体感することができます。石窟庵の中では、おだやかなパワーを感じるはず。心の中にある強い願いを叶えてくれるパワーもあります。

華厳寺《フォオムサ》（全羅南道）

清浄な空気が漂うパワースポット。たまった悪い気が浄化されていくのを感じるはずです。境内をゆっくりと散策することで、心や体にたまったマイナスが清浄化されます。ここでは慌てず、ゆったりとした気持ちで過ごすことが運気吸収のポイント。桜の季節はとくにおすすめ。

梵《ポ》魚《モ》寺《サ》（釜山）

釜山市の北のはずれ金井山の中腹にあり、韓国内ではパワースポットとして有名。韓国五大寺院に数えられる、由緒正しい寺です。参道や境内のまわりを、緑豊かな景色をながめながらゆっくり散策すると、気の吸収が効果的にできるでしょう。

台湾

龍山寺（台北）

国内外から多くの参拝客が訪れる、台北でいちばん有名な寺院。境内にはいくつかのお参りスポットがあるので、順路通り回って、ぜひそれぞれのスポットからパワーをもらってきてください。周囲に人が多いと気を感じにくいこともありますが、確かに気は存在します。やる気、発展、生気など、向かっていく気をもらうことができるでしょう。

行天宮（台北）

道教の寺院。おだやかな空気が流れており、縁に関する運気をいただきやすいスポット。訪れる人の気持ちを明るくしてくれます。行天宮の地下にはズラリと占い師が並ぶ「占い横丁」があり、運気アップを望む人たちでいつもにぎわっています。

霞海城隍廟（台北）

パワーは強いとは言えませんが、ご縁を呼ぶ穴場スポットです。良縁がほしい人は訪れて、霞海城隍廟流の儀式をやってみるのもおすすめ。恋愛運アップにつながります。最後にお茶をいただいて帰ると、さらに開運しますよ。

スリランカ

シギリアロック（中部州）

断崖絶壁の頂上に王宮を建てたと言われるシギリアロック。岩から発せられるパワーがたいへん強く、生命力が強くなります。頂上までの道のりは約1キロあり、階段で登ることができます。人気スポットの一つ「ライオンの足」は生命力を強くしてくれますが、向かってくる気が強いため、たどりつくまでは疲労を感じると思います。「ライオンの足」より先は、上昇の気が流れ、体が軽くなる感覚が。道中は体力を消耗しますが、頂上に着くと達成感を味わうことができます。頂上の城跡地からのながめは圧巻。岩を囲む周囲の山からの気が凝縮されています。生命力アップ、活力アップ、上昇の気により成功や活性の気をいただけるスポットです。このスポットは、登ることで気を受けられますので、頂上制覇は難しくても、「シギリアレディ」という壁画のあたりまではぜひ登って。もう少し頑張れる人はぜひ「ライオンの足」まで。ここを越すと、体感的にはずいぶん楽になります。

タンブッラ寺院群（中部州）

シギリアロックからほど近い洞窟の中にあるタンブッラ寺院群は、おだやかな気、安定の気、正常化の気がいただけるパワースポット。洞窟の中には仏像が並び、全域が強いパワースポットとなっています。気に入った場所で深呼吸をすると、パワーを感じます。地位の安定を与え、人生の平穏な道、健康、信頼の運気をもたらしてくれます。

仏歯寺（キャンディ）

釈迦（ブッダ）の犬歯（仏歯）が納められているとされるスポット。最初に足を洗ってお清めしてから入らせていただくのが特徴です。敬虔な信者が多い場所ですので、マナーをちゃんと守って、信者の方々への配慮を忘れずに。仏歯寺は体感はしづらいですが、たいへん強力なパワースポットです。

中東

トルコ

アヤソフィア（イスタンブール）

対角に建設された、アヤソフィアとブルーモスクは陰と陽の気に分かれており、陰の気をもつアヤソフィアは、より吸収率が高いのが特徴です。ここは、とくに女性的なやわらかくおだやかな気をもつスポットで、陰の気と言っても決して悪い気をもつ場所ではありません。歩いていると体が温かくなり、心が満ちていくのを感じるでしょう。自分に足りないものを満たしてくれますので、愛が足りない、お金が足りないなど、足りないものを満たしたい人におすすめ。アヤソフィアはどこを歩いていてもパワーが強く、とくにグランドフロアからのパワーを強く感じるでしょう。

ブルーモスク（イスタンブール）

放射状に気が発散され、男性的な気をもっています。お祈りの時間以外は、信者でなくても祭壇の近くまで入ることができます。下から上に突き上げるような気を感じるでしょう。ほしいものを与えてくれるパワーをもっています。

トプカプ宮殿（イスタンブール）

海流からもたらされる水龍が巡回する場所。浄化の気、成功の気、発展の気、生命力の気を与えてくれます。そのなかでも「ハレム」は、気を生み出す力がたいへん強力です。敷地内はどこに行っても強い気が流れているので、好きな場所で写真を撮ることをおすすめします。とくに、オスマントルコの最高権力者であるスルタンの広間付近はとても強いパワースポット。巨大なエメラルドが展示されているので、ぜひご覧になってください。エメラルドがもつ気はカリスマ性と知恵、清明さ、判断力。その昔スルタンは頭の上に大きなエメラルドをかざしていたと言われています。

オスマンの墓（ブルサ）

イスタンブールからボスポラス海峡を越えてバスで4時間、飛行機だと30分でアクセスできるスポット。強いパワーをもつオスマンの墓には風水様式が取り入れられており、このことから風水学がシルクロードを経由してトルコまでたどりついたことを、うかがい知ることができます。また、霊山と言われるウル山からもたらされる生気を受けて、この地が活性化されています。気が、らせん状に上へ上へと向かい、向上心、変化の気が受けられます。

カッパドキア（アナトリア）

写真を撮るとどこでもオーブが写るほど強いパワーがあります。広大すぎて、すべて回ろうとするとたいへんですが、主要な観光スポットを訪れるだけで生気を受けられます。朝方の4～5時は生気が生まれ、いちばんパワーが受けられる時間帯。早起きできる人は朝日を見ることで、土地のもっている生気を吸収できるでしょう。

ヨーロッパ

スペイン

アルハンブラ宮殿（グラナダ）

かつて修道院だった場所が「パラドール」と呼ばれるホテルになっているので、宮殿の中に宿泊することができます。この「パラドール」の中庭と、景色の良いレストランがパワーを吸収できるポイント。予約が取れれば、パラドールに泊まるのもおすすめです。観光で訪れる場所は、宮殿内全域でパワーを受けることができますので、好きな場所で深呼吸して気を感じてください。変化の気、浄化運、金運を得ることができます。

セゴビア（ローマ水道橋付近、アルカサル）

マドリードから車で1時間の場所にあり、ローマ水道が世界遺産になっているスポット。セゴビア城はディズニーランドのシンデレラ城のモデルの一つとなったことでも有名です。水の気が強く、浄化や愛情、人と人の絆をつなげてくれるパワーがある場所です。セゴビアは子豚の丸焼きが名物料理で、食事も楽しめるスポット。ゆっくりと滞在してください。

メスキータ（コルドバ）

歩き回ることで、この地から強いパワーを受け取ることができます。イスラム建築のメスキータ（モスク）とキリスト教の聖堂が同居する気が循環していて、心を明るくし、金運や、人にやさしくできる心の豊かさをもたらしてくれます。ここに通っている気はとてもやわらかく、車輪のようにぐるぐる回っています。

セビリア大聖堂（セビリア）

巨大な木製祭壇がたいへん素晴らしく、美しいステンドグラスにパワーが宿ります。建物の外にある回廊もパワースポット。気が上へ上へと上昇しているので、ふんわりと浮いているような感覚を覚え、出世など人を上に向かわせる気を与えてくれます。

フランス

カルナック列石(カルナック)

ヨーロッパ最大の巨石群で、エジプトのピラミッドより1000年も古い遺跡とされています。約4キロにわたって6000個のメンヒル（石の柱）が直線上に並び、これを延長するとイギリスのストーンヘンジまでつながるとされ、「レイライン」とも呼ばれます。風水の観点では、「水脈が流れるところに巨石群あり」と言われ、巨石群の連なりを見ることで、ヨーロッパの地脈と呼ばれる気の流れを吸収することができます。列石の先の先まで見渡すつもりで、レイラインをながめるのが◎。

イギリス

ストーンヘンジ（ウィルトシャー州）

巨大なメンヒルが円形に配置された遺跡。陰（ブルーストーン）と陽（サルセンストーン）のメンヒルが交互に配置されています。円形の中心部はレイライン上の大きなパワーの噴き出し口となっており、たいへん強いパワーを感じることができます。自分が進むべき道が見えるパワースポットです。ストーンヘンジとは、もともとはケルト民族が信仰するドルイド教の礼拝堂だった、あるいはお墓だった、集会所だったなど、諸説あります。

ホワイトホースの丘（ウィルトシャー州）

緑の丘に描かれた馬の形をした白い地上絵、ホワイトホースの丘。誰が何を目的に描いたのか未だに解明されていません。ぐるぐると回る「風龍」がいる世界でもまれなスポット。人の縁や人間関係を改善してくれる気をもたらしてくれます。

グラストンベリー（サマセット州）

イングランド南西部の小さな街。丘の上に建つ塔は、アーサー王伝説の聖地で、とても強力なパワースポットです。陽気が強く、成功の気や改革の気、人生に大きな変化をもたらす運気が得られます。アーサー王のお墓だったと言われていますので、敬虔な気持ちで訪れてください。

エイヴベリー（ウィルトシャー州）

ストーンヘンジの数十倍の規模を誇る、巨大なストーンサークル。円の直径は400メートル、巨石は100個ほど並べられています。規模は大きいのですが、ここで感じられるパワーはそれほど強くありません。

イタリア

サンタマリア・デル・フィオーレ（フィレンツェ）

「花の聖母マリア教会」と呼ばれる世界遺産。現在はお参りをするのではなく、入場券を買って観光する場所として人気を博しています。かつて教会としてミサが行なわれていたころは、今以上に強いパワーを感じることができたのですが、現在は少し体感しづらくなったと言えます。とはいえ、ここの気はフィレンツェのパワーの発生源でもありますので、ぜひ訪れてみて。得られる運気は女性的なやさしさ、柔軟さ、ものごとを恐れない力です。

ドゥーモ（ミラノ）

同名のドゥーモ広場に建つミラノ大聖堂。龍の遊び場となっており、広場の北側に位置するヴィットリオ・エマヌエーレ2世のガレリアを通り、ぐるぐると回っています。ドゥーモの中はどこに行っても上昇のパワーを受けられます。運気が上のほうにありますので、屋上に上がるのがおすすめです。

ヴィットリオ・エマヌエーレ2世のガレリア【雄牛のタイル】（ミラノ）

上から見ると美しい十字形をしたショッピングアーケードは、ドゥーモと同じく龍の遊び場となっています。龍は体をくねらせながら回っており、ここを訪れる人に、向かっていく力を与えてくれます。横につながる力もあり、人間関係を強化する運気を受け取れます。開運行動は、床に敷かれたモザイクタイルで描かれた「雄牛のタイル」の急所に踵を当てて回ること。願いごとが叶うと言われていますので、ぜひ挑戦してみてください。

サンマルコ広場（ベネチア）

水流から形成されている街、ベネチア。陰の力が強いところと陽の力が強いところがありますが、街全体に強いパワーが宿ります。そのなかでも、サンマルコ広場は非常にパワーが強く、陽の気が際立ちます。多くの人でにぎわう人気スポットなので、朝一番のすいている時間帯に訪れるのがおすすめ。1日のうちで最も気の体感が良いと言えます。早起きして朝食の前に散歩するのも◎。与えられるパワーは、豊かさ、商売運、人間関係運、悦楽など。

サンピエトロ大聖堂（バチカン市国）

ミケランジェロ作の彫刻、ピエタ像の付近がおだやかな良いパワースポットとなっています。自分の才能に目覚めさせてくれたり、進むべき道を示してくれるなど、人生の地盤を固めてくれるスポットです。

ギリシャ

デルフィーの神殿（デルフィー）

別称「アポロンの神殿」と呼ばれる遺跡。建設されたのは紀元前6世紀で、たいへん古い遺跡です。古い遺跡のため、パワーの体感は弱め。デルフィーの神殿は、天からの気を受けるパワースポットです。天に届けたい思いを意識しながら、順路通りに回るのがおすすめです。

メテオラ（テッサリア地方）

下界から隔絶された、そびえ立つ巨岩の上に修道院群が立ち並ぶ絶景スポットです。立ち並ぶいくつもの修道院すべてが強いパワースポット。どこを回っても大地のパワーを感じることができます。心の中にある素直な思いを伝えることで、自分を変え、新たな自分に出会わせてくれます。

ブルガリア

リラの僧院（キュステンディル州）

ヨーロッパ大陸の強い地龍が通った山脈の谷底にあるのが、リラの僧院。大きく気がたまる場所に建っており、受ける気はやわらかいけれど、とても力強いものです。

リラの僧院は世界遺産でもあり、ここだけを目的にブルガリアを訪れる人がいるほど素晴らしいパワースポット。敷地内でいただける湧き水は生気をもっているので、ぜひいただいて。

アフリカ

モロッコ

アイット・ベン・ハドゥ（ワルザザート）

映画『ミッション・インポッシブル　ローグ・ネイション』のロケ地にも使われたモロッコの世界遺産。かつてベルベル人が築いた「カスバ」と呼ばれる城砦建築を連ねた集落です。今も昔の暮らしを守りながら、ここで生活している人がいるとか。気の循環がとても良いスポットで、毒を流し、気を入れ替えてくれます。

トドラ渓谷（ティネリール）

ごつごつとした岩山がダイナミックなトドラ渓谷。トドラ渓谷の脇にあるレストランは、観光客の休憩スポットとなっています。そこには渓谷の気が大量に流れ込み、風のようにふわっとした気を感じ取ることができます。毒をすっきりと流してくれるパワースポットです。

サハラ砂漠（メルズーガ周辺）

サハラは浄化の気が強く、サハラ砂漠で朝日を見ると、運気に染み付いた悪いものがすべて浄化されます。土地の気、砂の気、朝日の浄化の気など、さまざまな要素があいまって、人生をリセットしてくれるパワーが。

Power Spot Column 7

吉方位とパワースポット

パワースポットがもたらす運気は、そこを訪れることで、土地自体がもっているパワーをいただくもの。方位の吉凶とは無関係です。

ただ、自宅から35キロ以上離れた凶方位へ出かけた場合、パワースポットから一歩外へ出たら、その方位の凶意を吸収することになります。そういう意味では、自宅から遠方にあるパワースポットへ出かける場合は、自分にとっての吉方位を選ぶことをおすすめします。

旅行風水の吉方位効果が「4・7・10・13の法則」（20ページ）で表れるのに対し、パワースポットからもたらされる運は、その人の状況や、気の吸収率、土地との相性によって違うため、個人差があります。早い人は当日から、遅くても半年以内には何かしら運気の変化を実感される人が多いようです。

ただし、自分の吉方位に合わせてパワースポットへ出かけた場合は、方位の効果が現れる「4・7・10・13の法則」のどれかの月に、吉方位の効果と一緒に現れることもあります。

また、旅行風水には方位の効果を強大にする「三合法」と呼ばれる方法がありますが、「三合法」の効果の出方も一定ではなく、個人差があるようです。

「三合法」とは、お互いに引き合う作用をもつ3つの方位に連続して出かけることで、その3つの方位が磁石のように引き合って相乗効果を生み、大きな吉方位効果が得られるという風水の奥義です。「三合法」で吉方位を取った場合、三方位が成立した約半年後に効果を得られる人が多い反面、5年後に効果を得られる人もいたりします。

※「三合法」について詳しくは『改訂新版　絶対、運が良くなる旅行風水』を参照ください。

第9章

パワースポットQ&A

Q1

私たちが自分でパワースポットを見つけることはできるのでしょうか？

A 風水で言うパワースポットは、「なんとなくいいような気がする」といったスピリチュアルな感覚や、その土地の伝承などで決められるものとは異なります。理論から導き出された地理的条件の下に生じるので、見つけるにはさまざまな風水の知識が必要になります。そういう意味では、きちんとした風水の知識のない方に、風水で言うパワースポットを見つけるのは難しいと思います。

Q2

この本では北海道のパワースポットが紹介されていませんが、北海道にはパワースポットはないのですか？

A 北海道には羊蹄山や大雪山など、パワースポットが生じるために不可欠なすばらしい霊山がたくさんあります。ただ、土地の気をとどめておくための建築法が用いられた場所がないため、気が動いてしまい、生気の噴き上がっている場所＝パワースポットを特定できません。北海道の自然から生じる強力なパワーを得るためには、山を見るのがいちばん。素晴らしい風景の写真をながめるのもおすすめです。

Q3

パワースポットの神社ではおみくじを引いたほうがいいのですか？ また、おみくじを引くときの注意点を教えてください。

A おみくじを引くことは、土地の言霊に耳を傾けること。そういう意味でもパワースポットの神社に出かけたら、ぜひおみくじを引いて土地の言葉を受け取りましょう。よいおみくじが出たときは、もち帰って手帳やパスケースなど、「行動」をつかさどるアイテムに入れて持ち歩いて。また、悪いおみくじを引いたときは、3回まで引き直しができます。その場合は、先に引いたおみくじを結び、もう一度お参りをしてから引き直しを。ただ、悪いおみくじを引いたから運が悪いということではありません。凶のおみくじは、自分にたまった悪い気を土地が流してくれたサイン。最も良いおみくじは、凶を引いたあとの大吉だといわれています。

Q4

お守りの買い方ともち方、また神社でのご祈祷の効果的な受け方を教えてください。

A お守りは、その土地と自分をつなぐためのアイテム。気に入ったものがあれば、求めてください。お守りはもち歩くことでより運気を発揮するものなので、ストラップなど身につけられるものがおすすめです。恋愛スポットのお守りは、メイクポーチにつけると出会いを招いてくれます。ご祈祷は、受けたいときに受けていただいて問題ありません。とくに、今の自分に滞りを感じている人は、ご祈祷を受けることで新しいステージへ向かうきっかけがいただけます。

Q5

自分が訪れて好きだと感じるスポットと、そうでないスポットがあります。欲しい運気のためには、あまり好きではないスポットにも何度か訪れたほうがいいでしょうか。

A 人間どうしの付き合いで相性があるように、土地と人にも相性があります。どんなに強力なパワーをもったスポットでも、なんとなく合わないと感じられる場所は、あなたとは相性が合わない場所。無理に出かける必要はありません。逆に好きだと感じるスポットからは、大きな運気が得られますので、何度も出かけて土地との絆を強めましょう。

Q6

パワースポットでケガをしてしまいました。土地に嫌われてしまったのでしょうか？

A パワースポットは、気の合わない人に対してパワーを分け与えてくれないことはあっても、人に害を加えることは絶対にありません。ケガは自分の不注意から起こる場合がほとんどですので、すべてを土地の行いに結びつけるのはNGです。

Q7

パワースポットの中には、武将の暗殺地となっているところがあります。土地の意思によるものでしょうか？

A たしかに時代の過渡期に土地の意思が働くことはありますが、人の寿命を変えるようなことはありません。暗殺はその人の寿命によるもので、土地とは無関係です。土地が自らの意思を示して現状をリセットする場合は、火や雷によってなされます。歴史的な大火や落雷などは、土地の意思が動いた可能性もあります。

Q8

恋愛運のあるパワースポットに足を運んでいますが、なかなかよい出会いに恵まれません。なぜでしょう？

A 今のあなたの環境に、縁をもたらす「風」の気をせきとめている根本的な原因があるのかもしれません。そういう場合は、住環境などをもう一度見直しつつ、浄化力の強いパワースポットを訪れてから恋愛運に効果的なパワースポットに出かけてみましょう。土地の浄化のパワーをいただき、今の環境に強い「風」を起こすことが大切です。

Q9

失った恋愛を取り戻したいのですが、よりを戻すためのパワースポットはありますか？

A 訪れた人に幸せな縁を授けてくれるスポットは数多くありますが、よりを戻すためのスポットはありません。失った縁が、自分にとって本当に必要な縁ならば、その人とはまた新たな出会いによって縁をもつことができるはず。まずは浄化力の強いスポットに出かけて、自分をリセットすることから始めましょう。

Q10

出会いの運のあるパワースポットを訪れるときの風水上のアドバイスをいただけますか？

A 出会いは新しいものからもたらされます。そのスポットに出かけるときに、何か1つ新しいものを身につけて出かけましょう。とくに下着やアクセサリーがおすすめ。なかでも下着の場合は、コーラルピンク系のものがおすすめです。また、髪をアップにして出かけるのも、出会いのスポットでは効果的です。

Q11

パワースポットを訪れて出会いはあったものの、本命と呼べるほどのご縁でもなくて……。

Ａ どんな縁も、自分の環境に「風」が吹いたおかげで生じたもの。「風」は少しずつ大きく吹いていきますので、今の出会いに感謝して、次の出会いを楽しみに待ちましょう。必ず自分の望む縁がやってきます。

Q12

就職したいのですが、なかなかうまくいきません。就職運をアップしてくれるスポットはありますか？

Ａ まずはベースを固める「土」の気を持つスポット（「健康・長命運」のスポット）を訪れてみましょう。その上で、ステイタス運や発展運の強いスポット（「チャンス」「発展運」「成功」）を訪れるのが効果的です。就職運のためにはどちらも早朝に出かけるのがおすすめです。

Q13

パワースポットで得た運気の効果は何年くらいもつのでしょう？

Ａ 土地で得た運は、消えるものではなく、自分の土台として積み重なっていくものです。効果がなくなってしまうことはありませんが、体感しづらくなっていきます。パワースポットを訪れたいと思ったときに、さまざまなスポットに出かけて運気を積み上げていきましょう。

Q14

願いごとが叶ったらお礼参りをしたほうがいいですか？

A 感謝の気持ちをもってお礼参りに出かけるのがおすすめです。その土地に感謝を伝えることで、その土地との絆が深まっていくからです。ただ、あまりに遠方で出かけられない場合は、心の中でお礼を言って、購入したお守りをその神社やお寺に送り、また新しいお守りをいただきましょう。

Q15

「お稲荷さん」にパワースポットはないのでしょうか？

A お稲荷さんをおまつりしている場所も、当然ですがすばらしいスポットはたくさんあります。ただ、本書で稲荷社をご紹介していないのは、「お稲荷さん」とは特別なお付き合いの仕方があるためです。稲荷社は、現実的な願いを確実に叶えてくれるパワーをもちますが、一度縁をもつと、この先、一生お付き合いを続けていく必要があるのです。いい加減な気持ちで「お稲荷さん」と向き合うのは厳禁。必ず一年に一度はその社を訪れて感謝と願いを告げなくてはなりません。とはいえ、願いを叶えるパワーの強い「お稲荷さん」と縁をもちたいと思う人も多いと思います。その場合は、本書でご紹介しているパワースポットの中にある稲荷社を訪れてみてはいかがでしょう？　また、年に一度のご挨拶ができなかった場合は、翌年、来られなかった事情を告げてお参りを。稲荷社は総じて、人が生きる上で必要な運（食やお金など）を与えてくれます。

Q16

パワースポットからパワーがなくなることはあるのでしょうか？

A 土地の気は20年周期で移り変わっていきます。地理的な条件がそろっているパワースポットは、大きな開発など地形が変わるようなことがない限り、気が完全に消滅してしまうことはありませんが、その気が強まったり弱まったり、もつ運気が変わったりするなど20年周期で変化します。また、まれに「休眠期」に入ってしまい、20年間気を発しないスポットもあります。本書ではちょうど土地の気の変化の時期に合わせて調査したスポットをご紹介していますので、安心してお出かけください。

Q17

土地には休眠期があると聞きました。休眠期の詳細が知りたいです。

A 人と同じように、土地もその気を補充するために英気を養う必要があります。英気を養うために、まるで眠ってしまったかのように気を閉じてしまう時期のことを土地の休眠期と呼んでいます。
その時期は土地によって変わりますが、おおむね20年、もしくは60年という周期でやってきます。土地は、休眠期に入ってしまうと、どんなに強いパワースポットでも、気の噴出が止まってしまうため、土地の気を感じ取ることが難しくなってしまいます。そういう意味では、休眠期に入ったパワースポットから運気をいただくのは難しいと思ってください。

いつ休眠期に入るのか、またいつ休眠期から目覚めるのかはその土地の性質によるため定かではありません。最近では、20年間休眠期に入っていた箱根の九頭龍神社が目覚めました。目覚めてから数年間は、ゆっくりと土地の気を放ち、数年後に強力な気を発するようになります。目覚めたばかりのパワースポットでは、才能を開花させたり、何かに気づいたりなど、その土地のもつ運気とは違う運気もいただけるので、あえて訪れてみるのもおすすめですよ。

Q18

本に書いてあるおすすめとは逆の順路でパワースポットを回ってしまいました。効果はないのでしょうか?

A 確かに、その土地にはその土地の気の流れがあり、それに沿って歩くことで土地の気をスムーズにいただけるケースがあります。そのような場所は、回る順路を指示させていただくことがありますが、基本的にパワースポットはどのような回り方をしても、その土地のもつ気を受け取れないということはありません。ですので、あまり神経質にならずに、その土地の気を体感するように心がけてくださいね。

パワースポットはその土地の気をどれだけ体感したかでいただける運気が変わってきます。順路にこだわるよりも、まずはその土地の気をしっかりと吸収することを第一に心がけましょう。

Q19

家族の代わりにパワースポットに出かけて、家族のために気をいただいてくることはできますか？

A パワースポットの気は、その土地から湧き出すパワーをいただくものです。ですので、残念ですが、その土地に出向いたご本人だけがその気を受け取ることになり、ご家族のために代わりに気をいただいてくるのは難しいと思います。ですが、そのパワースポットの気を自分自身がしっかりと吸収することで、エネルギーとして自分の家にためることはできます。家族のためにというのとは少し違うかもしれませんが、パワースポットの気を家にため込むことで、家族にも良い影響が出ることもありますよ。

Q20

負の気をもらいかねない、できれば避けたほうがいいパワースポットが知りたいです。

A パワースポットとは、何かのパワーを発する土地ですので、確かにそれが良いパワーだけを発するとは限りません。私がご紹介しているパワースポットはすべてプラスのパワーを発するスポットですので、どこに出かけていただいても大丈夫ですが、確かに負のパワーを発するスポットも多く存在することは確かです。

負のスポットは、通常の状態であれば、どなたにでもわかるはず。というのも、マイナスの気を受けると人は、精神にも身体にも大きなダメージを受けるためです。

注意したいのは、自分がさまざまな意味でマイナスなときに「気が合う」と思ってしまうスポットです。自分の中のマイナスと、土地の負のパワーが同調してしまうことがあるためです。自分の心や体がマイナスに傾いているときには、できるだけどちらかわからないパワースポットには出向かずに、確実に陽の気を放つスポットに出かけてくださいね。

では、私がご紹介していない場所は負のパワーを発するスポットなのかと質問をされたことがありますが、もちろんそういうわけではありません。私の調査が足りず、見落としている良いスポットもたくさんあります。私の場合、自分で何度も足を運んで周囲の土地まで詳細に調べてからのご紹介になるので、日本にあるすべてのパワースポットをご紹介できているわけではありません。できる限り、調査を進めてご紹介してまいりたいと思いますので、お待ちいただければ幸いです。

付　録

吉方位表の使い方

吉方位表は、生年月日から割り出す本命星で調べます。年や月で吉方位は変わるため、旅行に出かけるときは、必ず自分の吉方位をチェックしましょう。

なお、小学生まで（満13歳未満）のお子さんの場合は、基本的に235ページの月命星を使うことをおすすめしています。というのも、子どもが本命星を使って旅行風水を実践すると、効果が表れるのが13歳以降になってしまうため。もちろん、即効性を求めず、「大人になるまで運をためておきたい」という場合は、本命星を使うのも効果的です。

本命星表

九紫火星	八白土星	七赤金星	六白金星	五黄土星	四緑木星	三碧木星	二黒土星	一白水星
昭和21年生	昭和22年生	昭和23年生	昭和24年生	昭和16年生	昭和17年生	昭和18年生	昭和19年生	昭和20年生
昭和30年生	昭和31年生	昭和32年生	昭和33年生	昭和25年生	昭和26年生	昭和27年生	昭和28年生	昭和29年生
昭和39年生	昭和40年生	昭和41年生	昭和42年生	昭和34年生	昭和35年生	昭和36年生	昭和37年生	昭和38年生
昭和48年生	昭和49年生	昭和50年生	昭和51年生	昭和43年生	昭和44年生	昭和45年生	昭和46年生	昭和47年生
昭和57年生	昭和58年生	昭和59年生	昭和60年生	昭和52年生	昭和53年生	昭和54年生	昭和55年生	昭和56年生
平成3年生	平成4年生	平成5年生	平成6年生	昭和61年生	昭和62年生	昭和63年生	昭和64年生(平成元年)	平成2年生
平成12年生	平成13年生	平成14年生	平成15年生	平成7年生	平成8年生	平成9年生	平成10年生	平成11年生

※1月1日から節分（2月3日か4日）までに生まれた方は前年の九星になります。例えば、昭和46年1月28日生まれの人は「三碧木星」、昭和46年2月10日生まれの人は「二黒土星」になります。

※子ども（満13歳未満）は次ページの月命星表を参考にしましょう。

子どものための月命星表

生年＼九星	一白水星	二黒土星	三碧木星	四緑木星	五黄土星	六白金星	七赤金星	八白土星	九紫火星
平成16年	3/5〜、12/7〜	2/4〜、11/7〜	1/6〜、10/8〜	9/7〜	8/7〜	7/7〜	6/5〜	5/5〜	4/4〜
平成17年	9/7〜	8/7〜	7/7〜	6/5〜	5/5〜	4/5〜	3/5〜、12/7〜	2/4〜、11/7〜	1/5〜、10/8〜
平成18年	6/6〜	5/6〜	4/5〜	3/6〜、12/7〜	2/4〜、11/7〜	1/5〜、10/8〜	9/8〜	8/8〜	7/7〜
平成19年	3/6〜、12/7〜	2/4〜、11/8〜	1/6〜、10/9〜	9/8〜	8/8〜	7/7〜	6/6〜	5/6〜	4/5〜
平成20年	9/7〜	8/7〜	7/7〜	6/5〜	5/5〜	4/4〜	3/5〜、12/7〜	2/4〜、11/7〜	1/6〜、10/8〜
平成21年	6/5〜	5/5〜	4/5〜	3/5〜、12/7〜	2/4〜、11/7〜	1/5〜、10/8〜	9/7〜	8/7〜	7/7〜
平成22年	3/6〜、12/7〜	2/4〜、11/7〜	1/5〜、10/8〜	9/8〜	8/7〜	7/7〜	6/6〜	5/5〜	4/5〜
平成23年	9/8〜	8/8〜	7/7〜	6/6〜	5/6〜	4/5〜	3/6〜、12/7〜	2/4〜、11/8〜	1/6〜、10/9〜
平成24年	6/5〜	5/5〜	4/4〜	3/5〜、12/7〜	2/4〜、11/7〜	1/6〜、10/8〜	9/7〜	8/7〜	7/7〜
平成25年	3/5〜、12/7〜	2/4〜、11/7〜	1/5〜、10/8〜	9/7〜	8/7〜	7/7〜	6/5〜	5/5〜	4/5〜
平成26年	9/8〜	8/7〜	7/7〜	6/6〜	5/5〜	4/5〜	3/6〜、12/7〜	2/4〜、11/7〜	1/5〜、10/8〜
平成27年	6/6〜	5/6〜	4/5〜	3/6〜、12/7〜	2/4〜、11/8〜	1/6〜、10/8〜	9/8〜	8/8〜	7/7〜
平成28年	3/5〜、12/7〜	2/4〜、11/7〜	1/6〜、10/8〜	9/7〜	8/7〜	7/7〜	6/5〜	5/5〜	4/4〜

次ページからの方位別の吉凶の見方

◎大吉方位　☽月の吉方位　☆年の吉方位

△凶方位ではありませんが、効果は期待できない方位

無印は凶方位

☽は月の吉方位で4・7・10・13カ月目に効果が表れます。

☆は年の吉方位で4・7・10・13年目に効果は表れますが、長く強く作用します。

一白水星の吉方位

2016

	北	北東	東	南東	南	南西	西	北西
1月	△			△	◎			◎
2月	◎		△		◎		◎	
3月			△					
4月			☽				☆	
5月	◎				◎			
6月					☆			
7月			☽				☆	
8月			☽				◎	
9月	☆				☆		◎	
10月	☆				◎			
11月	◎		△		◎		◎	
12月			△				◎	

2017

	北	北東	東	南東	南	南西	西	北西
1月			☽				☆	
2月				☽				△
3月				☽				△
4月		☆				◎	☆	
5月		☆		☽		☆	◎	
6月							◎	
7月				△		☆		☽
8月							◎	
9月		◎		△		◎	◎	△
10月		◎				◎	☆	
11月								△
12月				☽				△

2018

	北	北東	東	南東	南	南西	西	北西
1月		☆					☆	
2月		☆	◎				☽	
3月			☆					
4月		◎				☆		
5月			☆				☽	
6月		◎	☆			◎	☽	
7月			◎			◎	△	
8月								
9月								
10月		☆	◎			◎	△	
11月		☆	◎			☆	☽	
12月			☆				☽	

2019

	北	北東	東	南東	南	南西	西	北西
1月		◎						
2月	◎				◎			
3月								△
4月								
5月	◎				◎			
6月					☆			△
7月								
8月								☽
9月	☆				☆			
10月	☆				◎			☽
11月	◎				◎			
12月								△

2020

	北	北東	東	南東	南	南西	西	北西
1月								
2月	◎			◎				△
3月	◎			◎				△
4月								
5月				◎				
6月								
7月	☆			☆				☽
8月	◎							
9月				☆				△
10月								
11月	◎							△
12月	◎			◎				△

2021

	北	北東	東	南東	南	南西	西	北西
1月								
2月		△	◎				☽	
3月			☆					
4月		☽						
5月			☆				☽	
6月		☽	☆				☽	
7月			◎				△	
8月								
9月								
10月		△	◎				△	
11月		△	◎				☽	
12月			☆				☽	

二黒土星

2016

	北	北東	東	南東	南	南西	西	北西
1月	◎				◎			
2月	◎		◎	△	◎		△	△
3月			◎					
4月				☽				
5月	☆		◎	☽	☆		△	
6月				☽				☽
7月			☆				☽	
8月	☆		☆	△	◎		☽	☽
9月	◎				◎			
10月	◎				◎			
11月	◎		◎		◎		△	△
12月			◎				△	

2017

	北	北東	東	南東	南	南西	西	北西
1月				☽				△
2月							△	
3月		△				☆		
4月		☽				☆	☽	
5月							☽	
6月		☽				☆		
7月						◎		
8月							△	
9月		△				◎	△	
10月		△				◎		
11月							△	
12月		△				☆		

2018

	北	北東	東	南東	南	南西	西	北西
1月		☽					☽	
2月								☽
3月		☽				☆		
4月		☽				◎		
5月								
6月		△				◎		
7月						◎		△
8月								☽
9月		△				☆		☽
10月		☽				☆		
11月								☽
12月		☽				☆		

2019

	北	北東	東	南東	南	南西	西	北西
1月		☽						
2月	☽		◎		☽		△	☆
3月			◎					
4月								
5月	△		◎		△		△	
6月								◎
7月			☆				☽	
8月	△		☆		☽		☽	◎
9月	☽				☽			
10月	☽				☽			
11月	☽		◎		☽		△	☆
12月			◎				△	

2020

	北	北東	東	南東	南	南西	西	北西
1月								☆
2月				◎				◎
3月		△		◎		△		◎
4月		☽				△		
5月				☆				
6月		☽				△		
7月						☽		
8月				☆				☆
9月		△				☽		
10月		△				☽		☆
11月								◎
12月		△		◎		△		◎

2021

	北	北東	東	南東	南	南西	西	北西
1月		☽						
2月			△				◎	
3月		◎						
4月		◎						
5月			☽				☆	
6月		☆	☽				☆	
7月								
8月			☽				☆	
9月		☆						
10月		◎	△				◎	
11月			△				◎	
12月		◎						

三碧木星

2016

	北	北東	東	南東	南	南西	西	北西
1月	△			△	△			◎
2月	△		◎		△		◎	
3月								
4月			☆				☆	
5月			☆				◎	
6月								
7月	△		◎		☽		☆	
8月	☽				☽			
9月	☽				△		☆	
10月	△				△			
11月	△		◎		△		◎	
12月								

2017

	北	北東	東	南東	南	南西	西	北西
1月			☆				☆	
2月				☆				☽
3月		◎		☆		☽		△
4月								
5月		☆		◎		△		
6月		☆				☽		
7月				☆		☽		☽
8月								
9月		◎		◎		△		△
10月								☽
11月								☽
12月		◎		☆		☽		△

2018

	北	北東	東	南東	南	南西	西	北西
1月								
2月								☆
3月			△					
4月								
5月			☽				☽	
6月								☆
7月			△				△	◎
8月			△				☽	◎
9月								☆
10月			☽				△	
11月								☆
12月			△				△	

2019

	北	北東	東	南東	南	南西	西	北西
1月								◎
2月			☽				◎	
3月								☆
4月			△				☆	
5月			△				◎	
6月								☆
7月			☽				☆	
8月								☆
9月							☆	
10月								◎
11月			☽				◎	
12月								☆

2020

	北	北東	東	南東	南	南西	西	北西
1月			△				☆	◎
2月				△				☽
3月		◎		△		◎		△
4月								
5月		☆		☽		☆		
6月		☆				◎		
7月				△		◎		☽
8月								
9月		◎		☽		☆		△
10月								☽
11月								☽
12月		◎		△		◎		△

2021

	北	北東	東	南東	南	南西	西	北西
1月								
2月	☽				◎			
3月	☽		☆		☆			
4月	△				☆			
5月	△		◎		☆		☽	
6月								
7月			☆				△	
8月			☆				☽	
9月								
10月	△		◎		◎		△	
11月	☽				◎			
12月	☽		☆				△	

四緑木星

2016

	北	北東	東	南東	南	南西	西	北西
1月	△				△			
2月	△			◎	△			◎
3月				◎				☆
4月				☆				
5月				☆				
6月				☆	△			☆
7月	△				☽			
8月	☽				☽			
9月	☽				△			
10月	△				△			
11月	△				△			◎
12月				◎				☆

2017

	北	北東	東	南東	南	南西	西	北西
1月				☆				◎
2月				☆			◎	☽
3月				☆				△
4月								
5月							☆	
6月							☆	
7月								
8月				◎				☽
9月				◎			◎	△
10月							☆	☽
11月							◎	☽
12月				☆				△

2018

	北	北東	東	南東	南	南西	西	北西
1月								
2月		☆	☽				△	
3月		☆	△			☽		
4月		☆				☽		
5月								
6月			△				☽	☆
7月			△			△	△	◎
8月			△				☽	◎
9月								☆
10月		◎				☽		
11月		☆	☽			△	△	
12月		☆	△			☽	△	

2019

	北	北東	東	南東	南	南西	西	北西
1月		☆						
2月								◎
3月			△					☆
4月			△				☆	
5月			△				◎	
6月								☆
7月								
8月			☽				☆	
9月							☆	
10月								
11月								◎
12月			△				◎	☆

2020

	北	北東	東	南東	南	南西	西	北西
1月			△				☆	◎
2月				△				☽
3月	◎			△				△
4月	☆							
5月	◎							
6月								
7月	☆							
8月	☆			☽				☽
9月				☽				△
10月								☽
11月								☽
12月	◎			△				△

2021

	北	北東	東	南東	南	南西	西	北西
1月	☆							
2月	☽	☆			◎			
3月	☽	☆			☆			
4月	△	☆			☆			
5月	△				☆			
6月								
7月								
8月								
9月	☽				☆			
10月	△	◎			◎			
11月	☽	☆			◎			
12月	☽	☆						

五黄土星

2016

	北	北東	東	南東	南	南西	西	北西
1月	◎			◎	◎			△
2月	◎		◎	△	◎		△	△
3月			◎	☽				☽
4月			◎	☽			☽	
5月	☆		◎	☽	☆		△	
6月				☽	◎			☽
7月	◎		☆		☆		☽	
8月	☆		☆	△	◎		☽	☽
9月	◎				◎		☽	
10月	◎				◎			△
11月	◎		◎		◎		△	△
12月			◎	☽			△	☽

2017

	北	北東	東	南東	南	南西	西	北西
1月			◎	☽			☽	△
2月				◎			△	◎
3月		△		◎		☆		◎
4月		☽				☆	☽	
5月		☽		☆		◎	☽	
6月		☽				☆	☽	
7月				◎		◎		☆
8月				☆			△	☆
9月		△		◎		◎	△	◎
10月		△				◎	☽	☆
11月							△	◎
12月		△		◎		☆		◎

2018

	北	北東	東	南東	南	南西	西	北西
1月		☽					☽	
2月		☽	☆				◎	☽
3月		☽	◎			☆		
4月		☽				◎		
5月			◎				☆	
6月		△	◎			◎	☆	☽
7月			◎			◎	◎	△
8月			◎				☆	☽
9月		△				☆		☽
10月		☽	☆			☆	◎	
11月		☽	☆			◎	◎	☽
12月		☽	◎			☆	◎	

2019

	北	北東	東	南東	南	南西	西	北西
1月		☽						△
2月	☽		◎		☽		△	☆
3月			◎					◎
4月			◎				☽	
5月	△		◎		△		△	
6月					☽			◎
7月	☽		☆		△		☽	
8月	△		☆		☽		☽	◎
9月	☽				☽		☽	
10月	☽				☽			☆
11月	☽		◎		☽		△	☆
12月			◎				△	◎

2020

	北	北東	東	南東	南	南西	西	北西
1月			◎				☽	☆
2月	△			◎				◎
3月	△	△		◎		△		◎
4月	☽	☽				△		
5月	△	☽		☆		☽		
6月		☽				△		
7月	☽			◎		☽		☆
8月	☽			☆				☆
9月		△		◎		☽		◎
10月		△				☽		☆
11月	△							◎
12月	△	△		◎		△		◎

2021

	北	北東	東	南東	南	南西	西	北西
1月	☽	☽						
2月	☆	◎	△		☽		◎	
3月	◎	◎	☽		☽			
4月	◎	◎			☽			
5月	◎		☽		☽		☆	
6月		☆	☽				☆	
7月			☽				◎	
8月	☆		☽		△		☆	
9月	☆	☆			☽			
10月	◎	◎	△		△		◎	
11月	☆	◎	△		☽		◎	
12月	◎	◎	☽				◎	

六白金星

2016

	北	北東	東	南東	南	南西	西	北西
1月	◎			◎	◎			△
2月			△	◎			△	△
3月			☽	☆				☽
4月			☽	◎			☽	
5月				◎				
6月								
7月			△				☽	
8月			△				☽	
9月								
10月								△
11月			△				△	△
12月			☽	☆			△	☽

2017

	北	北東	東	南東	南	南西	西	北西
1月			☽	◎			☽	☽
2月				☽				☆
3月		☽				☆		
4月		△				☆	☽	
5月		☽				◎	☽	
6月		☽				◎		
7月				☽				☆
8月				☽			△	☆
9月		△		△		◎	△	◎
10月							☽	◎
11月								☆
12月		☽				☆		

2018

	北	北東	東	南東	南	南西	西	北西
1月		△					☽	
2月			☆				◎	
3月								
4月								
5月			☆				☆	
6月			◎				☆	◎
7月			◎				◎	◎
8月								☆
9月								
10月			☆				◎	
11月			☆				◎	
12月								

2019

	北	北東	東	南東	南	南西	西	北西
1月								☆
2月								△
3月								☽
4月								
5月	△				△			
6月					☽			
7月	☽				☽			
8月	☽				△			
9月	△				☽			
10月	☽				☽			△
11月								△
12月								☽

2020

	北	北東	東	南東	南	南西	西	北西
1月								☽
2月	△							
3月	△	◎				△		
4月	☽	☆				△		
5月	☽	◎				☽		
6月		◎				☽		
7月	☽							
8月								
9月		☆				☽		
10月								
11月	△							
12月	△	◎				△		

2021

	北	北東	東	南東	南	南西	西	北西
1月	☽	☆						
2月	◎	☽	△		☆		◎	
3月	☆	☽			◎			
4月	◎				◎			
5月			△				☆	
6月		△	☽				☆	
7月			☽				◎	
8月	☆				☆			
9月	☆	☽			◎			
10月	◎	△	△		◎		◎	
11月	◎	☽	△		☆		◎	
12月	☆	☽						

七赤金星

2016

	北	北東	東	南東	南	南西	西	北西
1月				◎				△
2月			△	◎			△	△
3月			☽	☆				☽
4月				◎				
5月			☽				☽	
6月				◎				☽
7月			△				☽	
8月				☆				☽
9月							☽	
10月								△
11月			△				△	△
12月			☽	☆			△	☽

2017

	北	北東	東	南東	南	南西	西	北西
1月				◎				☽
2月							☽	
3月				☽				◎
4月							☽	
5月				△				
6月							☽	
7月				☽				☆
8月				☽			△	☆
9月				△			△	◎
10月								◎
11月							☽	
12月				☽				◎

2018

	北	北東	東	南東	南	南西	西	北西
1月							☽	
2月		☽						◎
3月								
4月		☽				☆		
5月								
6月								◎
7月						◎		◎
8月								
9月		☽				☆		◎
10月		△				☆		
11月		☽				◎		◎
12月								

2019

	北	北東	東	南東	南	南西	西	北西
1月		☽						☆
2月			☆				☆	
3月			◎					
4月								
5月	△		◎		△		◎	
6月					☽			
7月	☽		☆		☽		◎	
8月	☽				△			
9月	△				☽		◎	
10月								
11月			☆				☆	
12月			◎				☆	

2020

	北	北東	東	南東	南	南西	西	北西
1月								
2月	△							
3月	△	◎		◎		△		◎
4月	☽	☆				△		
5月	☽	◎		☆		☽		
6月								
7月				◎		△		☆
8月				◎				☆
9月				☆				◎
10月		☆				☽		◎
11月	△							
12月	△	◎		◎		△		◎

2021

	北	北東	東	南東	南	南西	西	北西
1月	☽	☆						
2月	◎	☽			☆			
3月	☆		☽		◎			
4月		☽						
5月			△				☆	
6月			☽				☆	
7月								
8月	☆		☽		☆		◎	
9月	☆	☽			◎			
10月	◎	△	△		◎		◎	
11月	◎	☽			☆			
12月	☆		☽				◎	

八白土星

2016

	北	北東	東	南東	南	南西	西	北西
1月				◎				△
2月	◎		◎	△	◎		△	△
3月				☽				☽
4月			◎				☽	
5月	☆		◎	☽	☆		△	
6月					◎			
7月	◎				☆			
8月	☆		☆	△	◎		☽	☽
9月							☽	
10月								△
11月	◎		◎		◎		△	△
12月				☽				☽

2017

	北	北東	東	南東	南	南西	西	北西
1月			◎				☽	
2月				◎				◎
3月		△				☆		
4月		☽				☆		
5月				☆				
6月		☽				☆		
7月				◎		◎		☆
8月				☆				☆
9月		△		◎		◎		◎
10月		△				◎		
11月								◎
12月		△				☆		

2018

	北	北東	東	南東	南	南西	西	北西
1月		☽						
2月			☆				◎	
3月		☽	◎			☆		
4月		☽				◎		
5月			◎				☆	
6月		△				◎		
7月			◎			◎	◎	
8月			◎				☆	
9月		△				☆		
10月		☽				☆		
11月			☆				◎	
12月		☽	◎			☆	◎	

2019

	北	北東	東	南東	南	南西	西	北西
1月		☽						
2月	☽		◎		☽		△	☆
3月								◎
4月			◎				☽	
5月	△		◎		△		△	
6月					☽			
7月	☽				△			
8月	△		☆		☽		☽	◎
9月							☽	
10月								☆
11月	☽		◎		☽		△	☆
12月								◎

2020

	北	北東	東	南東	南	南西	西	北西
1月			◎				☽	
2月	△							
3月	△	△				△		
4月	☽	☽				△		
5月	△							
6月		☽				△		
7月						☽		
8月	☽							
9月		△				☽		
10月		△				☽		
11月	△							
12月	△	△				△		

2021

	北	北東	東	南東	南	南西	西	北西
1月	☽	☽						
2月	☆				☽			
3月		◎						
4月		◎						
5月	◎				☽			
6月		☆						
7月								
8月	☆				△			
9月	☆	☆			☽			
10月	◎	◎			△			
11月	☆				☽			
12月		◎						

九紫火星

2016

	北	北東	東	南東	南	南西	西	北西
1月	◎			◎	△			◎
2月	△			△	△			◎
3月								
4月				☽				
5月	☽				☽			
6月				△	☽			◎
7月	☽				△			
8月				☽				☆
9月								
10月	☽				△			◎
11月	△				△			◎
12月								

2017

	北	北東	東	南東	南	南西	西	北西
1月				☽				☆
2月							☆	
3月		☆				☽		
4月							◎	
5月		◎				☽	☆	
6月		☆				△	☆	
7月								
8月								
9月		◎				△	◎	
10月		◎				△	◎	
11月							☆	
12月		☆				☽		

2018

	北	北東	東	南東	南	南西	西	北西
1月							◎	
2月		◎	☽				☆	△
3月		☆	☽			△		
4月								
5月								
6月		◎	☽			△	◎	
7月			△			△	◎	△
8月			△				☆	
9月		☆				☽		☽
10月			☽				◎	
11月		◎	☽			☽	☆	△
12月		☆	☽			△	☆	

2019

	北	北東	東	南東	南	南西	西	北西
1月								☽
2月	☆				☆			
3月			☽					
4月			△				☽	
5月	◎		△		◎		△	
6月					◎			
7月	◎		☽		☆		☽	
8月			☽				△	
9月							△	
10月	◎				☆			
11月	☆				☆			
12月			☽				☽	

2020

	北	北東	東	南東	南	南西	西	北西
1月			△				☽	
2月	◎							
3月	◎	△		△		◎		◎
4月	◎							
5月		☽		☽		◎		
6月		△				☆		
7月	◎			☽				◎
8月	☆			△				◎
9月		☽				☆		
10月		☽				☆		☆
11月	◎							
12月	◎	△		△		◎		◎

2021

	北	北東	東	南東	南	南西	西	北西
1月	◎							
2月			◎				☆	
3月			◎					
4月	◎				△			
5月	☆				△			
6月			◎				◎	
7月			☆				◎	
8月	◎		☆		☽		☆	
9月	◎				☽			
10月	◎		◎		△		◎	
11月			◎				☆	
12月			◎				☆	

おわりに

近年、ブームも手伝ってか、たくさんの方がパワースポットを訪れていらっしゃいます。それはとても素晴らしいことなのですが、少し残念なのが、神社やお寺、スピリチュアルな土地などが「どこでもパワースポット化」してしまっていること。

風水で言うパワースポットは「龍穴」という特殊な環境から成り立つもの。地形や周囲の環境など、さまざまな条件がそろって初めてパワースポットと呼べる土地になるのです。

パワースポットのもたらすパワーはとても強大なものです。

この本では、みなさまが本当の意味でパワースポットから運気を得られますよう、また、パワースポットへの旅をより楽しいものにしていただけますよう、ガイドブック的な要素を含めてさまざまなアドバイスをさせていただきました。

この本が、みなさまの人生により幸せと喜びごとをもたらすきっかけになれば、うれしく思います。

李家　幽竹

その他

上記のどれにもあてはまらない場合

発展運

事業などが発展する。

仕事運

仕事がうまくいく。

喜びごと

喜ばしいことがある、人生を楽しむ。

浄化

悪運を浄化してリセットしてくれる。

成功運

成功する。

願いが叶う

夢や願望が叶う。

全体運

あらゆることに効果がある。

出会い運

出会いがある。

健康・長命運

健康になる、長生きできる。

出世運

出世する、ステイタスが上がる。

変化運

人生を変える、自分を変える。

チャンス

チャンスをもらえる。

恋愛運

恋が成就する、恋愛が順調に続く。

結婚運

結婚できる、良縁がある。

子宝運

子宝にめぐまれる。

愛情運

愛情にめぐまれる。

ビューティ運

きれいになる。

金運

お金が増える、貯まる。

［著者］
李家幽竹（りのいえ・ゆうちく）
韓国・李朝の流れをくむ、ただ一人の風水師。「風水とは、環境を整えて運を呼ぶ環境学」という考え方のもと、衣・食・住、行動全般にわたる様々な分野でアドバイスを行っている。女性らしい独自のセンスで展開する風水論は幅広い層に支持されている。現在、テレビ・雑誌を中心に、鑑定・講演・セミナー等でも活躍中。
主な著書に、『ナンバー１風水師が教える運のいい人の仕事の習慣』『お金に好かれる！　金運風水』『金運風水　奥義編』『改訂新版　絶対、運が良くなる旅行風水』（以上、ダイヤモンド社）、『おそうじ風水』、『運がよくなる　風水収納＆整理術』（以上ＰＨＰ文庫）、『最強　パワーストーン風水』（秀和システム）など多数。

風水情報をより充実させたホームページをリニューアルオープン。
http://yuchiku.com/
Facebook https://www.facebook.com/yuchiku.rinoie
Instagram http://instagram.com/yuchikurinoie
Twitter https://twitter.com/RinoieYuchiku

絶対、運が良くなるパワースポット

2016年９月15日　第１刷発行

著　者――李家幽竹
発行所――ダイヤモンド社
〒150-8409　東京都渋谷区神宮前6-12-17
http://www.diamond.co.jp/
電話／03･5778･7236（編集）03･5778･7240（販売）
装丁――渡邊民人（TYPE FACE）
カバーイラスト―やの ひろこ
本文デザイン―小林麻実（TYPE FACE）
本文イラスト―カシマ チカコ、いなば ゆみ、赤江橋洋子
編集協力――両角晴香
製作進行――ダイヤモンド・グラフィック社
印刷――堀内印刷所（本文）・共栄メディア（カバー）
製本――本間製本
編集担当――佐藤和子

ISBN 978-4-478-06882-3

◆李家幽竹の本◆

「旅行風水」を初めて世に広めたバイブルが、13年ぶりに大幅改訂！

旅行に行くだけで運が良くなり、願いが叶う――そんな旅行風水の考え方を本に著してから13年。「旅行で開運」が一般的になった今、旅のスタイルの変化に合わせて加筆・改訂！　より読みやすく、使いやすくなったと大好評！

改訂新版　**絶対、運が良くなる旅行風水**

李家幽竹［著］

●四六判並製●定価（本体1200円+税）

http://www.diamond.co.jp/

恋も仕事もお金もゲット！　欲しい運をとりに行く！

李家幽竹　http://yuchiku-ps.jp/

旅行風水★幸せパワースポット

あなただけにカスタマイズした情報を表示

パワースポット詳細

どの方位にあるの？

自宅からパワースポットがどの方位にあるかを表示します。

いつ行けばいいの？

自宅を中心地として、あなたの吉方位を算出し、訪れて良い時期を表示します。

近くの温泉地は？

パワースポット周辺にある温泉地を表示します。

携帯サイトで、知りたい情報を簡単チェックできるので便利です！